寻找
做教育的感觉

金佩庆 著

江苏人民出版社

图书在版编目(CIP)数据

寻找做教育的感觉 / 金佩庆著. -- 南京：江苏人民出版社，2021.8
ISBN 978-7-214-26215-8

Ⅰ.①寻… Ⅱ.①金… Ⅲ.①教育—文集 Ⅳ.①G4-53

中国版本图书馆 CIP 数据核字(2021)第 097590 号

书　　名	寻找做教育的感觉
著　　者	金佩庆
责任编辑	汪意云
责任监制	陈晓明
装帧设计	刘　俊
出版发行	江苏人民出版社
地　　址	南京市湖南路 1 号 A 楼,邮编:210009
网　　址	http://www.jspph.com
照　　排	南京私书坊文化传播有限公司
印　　刷	苏州市越洋印刷有限公司
开　　本	718 毫米×1000 毫米　1/16
印　　张	12.5　插页 1
字　　数	170 千
版　　次	2021 年 8 月第 1 版
印　　次	2021 年 8 月第 1 次印刷
标准书号	ISBN 978-7-214-26215-8
定　　价	48.00 元

(江苏人民出版社图书凡印装错误可向承印厂调换)

法律顾问　浙江兴运律师事务所律师　金雪梅
咨询电话　15257950516

序　对教育的追问

辛丑初春，接到金佩庆老师的电话，有点意外，也很高兴。交谈中得知，五六年来，他已在《中国教育报》发表教育评论等理论文章近40篇，目前他正打算以这些透过社会新闻事件追问教育的评论为主体，将自己的文章结集成书，希望我为此书的编写提供一些参考意见，并帮他写个序。

金老师是我认识的第一位义乌朋友。大约1995年底，供职于《人民教育》编辑部的我与30出头、在浙江义乌佛堂镇一所老牌高中主持校务的金佩庆老师相识。思想活跃、风趣幽默、笔耕不辍的文艺青年——这是金老师留给我的第一印象。后来每认识一位义乌教育界的新朋友，我都会顺便问问是否知道金老师。但我们的关系也仅限于一名中国教育报刊社的编辑与一名忠实读者、作者之间而已。在2017年7月北京举行的全国注册特约通讯员工作会上，我有机会一睹了金老师作为典型发言时的风采。他的汇报言之有物、条理清晰，有思考、有担当、有真情、有成绩——那份对教育、对《中国教育报》的情怀让我印象深刻。

前几年，《中国教育报》改版推出"中教评论"专版，在当地从事教育宣传工作的金老师突然发力，频频发表有分量的教育评论。该专版每周最多也就四个，每个版面也就发五六篇评论。基层教育工作者的文章要在《中国教育报》赢得一席之地，这是很不容易的。金老师的文字功力、教育思想和教育情怀都是值得肯定的。

通览书稿,我发现金老师总是能敏锐地抓住社会热点新闻事件,传递出自己对基础教育政策法规、现代教育理念以及教育规律的把握与理解。他的文章观点犀利、文风朴实、客观理性、逻辑清晰,富有历史感和思辨性。其关注范围涉及宏观层面的教育环境优化、教育管理与决策、学校办学理念与行为,以及学校教育教学、教师专业发展、家庭教育、社会教育等中观和微观层面。看得出来,金老师不仅有基层教育工作者的独特思考与视野,富有人文情怀和教育情怀,平时还十分注重对国家教育方针政策、法律法规的学习研究。也正因如此,他的论证常常是追根溯源,政策法规依据信手拈来。

教育专业化是金老师关注的一个重大主题。但教育似乎对谁都不陌生,谁都有发言权。那么教育行业具有专业性吗?这种专业性体现在哪里?在金老师的眼里,这个问题是不容置疑的。他在文章中一再呼吁社会各界特别是各级政府部门在重视发展教育、不断增加教育投入的同时,还要认清教育既有作为重大民生的一面,又有系统性、复杂性、专业性和规律性的一面,要办好教育一定要尊重教育行业的专业性,提高全社会对教育专业化的认知;呼吁教育管理部门和管理者在遵循行政管理逻辑的同时,更要遵循教育的内在逻辑、专业逻辑,按教育规律办事,防止教育行政化的趋势,倡导教育家办学;呼吁广大教师要突破将自身专业化水平等同于应试教育能力与水平的误区,完善符合现代教育思想的个人教育主张、教育理念。

在《以专业化管理赢得决策自主权》一文中作者强调,地方各级党委政府应当尊重教育职能部门的专业性和决策自主权;作为教育管理部门,更要强化自身的"专业管理者"定位,提高"专业成熟度",在努力满足当地群众现实教育期望的同时,保持自己的坚守,遵循教育规律。在《学生、家长考评教师要慎行》《以专业化指导　保障校车安全》《宣传名优教师要彰显"专业化"本色》等文章中,作者分析了实施教师考评的逻辑起点、对幼童的认知缺陷与校车闷死幼童惨剧间的关系、名优教师应该"名"在何处等,其立论都基于教育专业性的立场,都从不同的视角触及教育的专业化问题。这些文章对于推进新时代"高素质、专业化"的中小学教师队伍建设,推动"教育家办学"和教育现代化是有积极意义的,也是很有启迪的。

教育专业化是教育现代化的前提和保障,其专业化的背后是教育规律的客观存在和不容违背。《教育的大敌》和《按教育规律办事才能收获人民满意》等文章,虽不是直接谈教育专业化问题,但其核心主题都强调办好教育须遵循教育规律,这也是教育专业化的本质所在。作者指出,办教育见效慢、周期长,教育效果具有很强的滞后性,人才的培养、教育质量的提高都不可能"短平快"地实现。每一届政府和政府官员迫切希望在任期内见到大手笔投入教育之后所产生的结果与成效,其心情可以理解,但实际是不现实的。这种焦躁心会给教育的发展造成损害。作者强调,尊重教育规律、按规律办事最根本的一点是:办教育要"慢慢来",浮躁、功利是做教育的头号敌人。作者进而指出,按教育规律办事,意味着教育工作者需要有专业知识与技能,并保持自己的信仰和坚守,不为社会上的功利和浮躁观念所动,研究规律,潜心育人,百年树人。同时,全社会更要树立"尊重教育,就要尊重教师、尊重教育规律"的思想,对教育工作者给予更多的理解、包容和耐心,从而携手去收获"人民满意的教育"。

读金老师的这些文章,常常会让人感受到一股逻辑的力量、思辨的力量,在理性平和的文字中展现出思维的穿透力。在举国弘扬"工匠精神"背景下,有教育专家发文为"教书匠"正名并提倡教师当"教书匠"。对此,作者旗帜鲜明表示反对,先后发表《且慢为"教书匠"正名》《为师不为匠》两篇评论进行反驳。他认为老师不能安于做"教书匠",要理直气壮地争当"教育家"。因为"工匠精神"不能诠释教师职业精神的核心内涵,"工匠精神"虽值得广大教师借鉴,但教师自古至今都不在"百工"之列。他认为教师都想当"教育家"不是坏事,是好事。"都当将军了谁当士兵?我们的将军指挥谁?"这种假设在教育领域没有现实可能性,即便都成了"将军(教育家)"也不存在"将军指挥谁"的困境。因为教育家的使命不是用来"指挥"其他老师的,多数是跟普通老师一样冲往一线,去引领学生健康成长的。文章立场鲜明又不感情用事,从概念的定义出发,结合自己的专业素养,有破有立,层层推进。这样短小精悍的文章不仅可以让教育部门的管理者、校长、学校老师、家长以及热爱关心支持基础教育事业的社会各界人士增进对教育的理解,敬畏教育规律,把教育事业发展得更好,似乎对于中学议论文教学与写作都很有借鉴参考之处。

金老师勤于学习、与时俱进，对教育法规、政策以及学界理论动态把握得很好。比如有名师名校长为了凸显人格平等、互相尊重的师生关系，声称自己是"不像老师的老师""不像校长的校长"。对此，金老师撰写了《老师到底要不要像老师》一文，提出自己不同的理解，与教育界的专家学者商榷。他认为如此提法夺人眼球，但容易造成逻辑上的缺陷。如何定义新时期教师的"形象标准"？他认为不应该沿袭旧时代刻板的教师、校长的人设，应当以教育部出台的"教师专业标准"和"校长专业标准"为依据。这样一来，践行"人格平等、互相尊重的师生关系"就不是"不像老师"，而恰恰是"像老师""像校长"了。

金老师与中国教育报刊社有着特殊的情缘。一直以来，金老师利用自己读报用报的成长体验，在各种场合不遗余力地推介《中国教育报》等报刊杂志。他说"推动《中国教育报》的征订和阅读是一件很积德的事情，多一个人阅读就多一份教育的情怀与力量"，很令人感动。金老师对于教育的理想情怀、对于教育的专研心得以及与中国教育报刊社的这份情缘，让我无法拒绝他的委托并很乐意为这本新著作一些推介。《寻找做教育的感觉》出版在即，谨写此文以为贺，权作为序。

2021 年 5 月 10 日

（张新洲，中国教育国际交流协会未来教育研究专业委员会理事长，曾任《人民教育》编辑部总编室主任，中国教育报刊社副社长、编审。主编《教育家成长》和《寻找中国好课堂》大型丛书。）

目　录

序　对教育的追问 / 001

一　　管理篇

教育的大敌 / 003
按教育规律办事才能收获人民满意 / 008
以专业化管理赢得决策自主权 / 011
发挥好家庭教育的特殊作用 / 014
就"并校寄宿"致马云先生的公开信 / 017
以专业化指导　保障校车安全 / 021
守望幸福童年——对《学前教育法草案（征求意见稿）》的修改建议 / 024
虐童案考验地方政府决策智慧 / 029
保育员投毒是幼儿园"饥不择食"的恶果 / 032
把好教师入口关 / 035
技工评价改革为"蓝领"成长赋能 / 038

宣传名优教师要彰显"专业化"本色 / 041

学生、家长考评教师要慎行 / 044

公职教师有偿"在线授课"：且"让子弹飞"一会儿 / 047

"官方带娃"还需做好后续保障 / 050

"三点半"课后服务的本质是"非义务性" / 053

"十不得"规范办学行为贵在较真 / 056

保障学生睡眠离不开家校合力 / 059

解决小学生熬夜做题需宏观思维 / 062

打好中学生睡眠保卫战 / 065

强化评价导向，推动劳动教育落地生根 / 068

对浙江教育改革的三点建议 / 071

论教育之精神 / 074

学科核心素养落地的依托
——浙江义乌高中教研员热议普通高中新课程标准 / 078

二 —————————— 学校篇

校长！新教师首堂课请您捧个场 / 085

校长听评课才是务实之举 / 088

校长"推门听课"之我见 / 091

辞退犯错教师也要让人心服口服 / 094

热衷惩戒权得不到有温度的好教育 / 096

国家立法才是惩戒教育实施的根本出路 / 099

该给教师一个家校合作"负面清单" / 101

"家长群"要让家长"归位" / 104

让老师给学生行"鞠躬礼"离谱了 / 107

让家长排练晚会：老师"甩锅"还是另有隐情 / 109

依法治校也需以生为本 / 112

心理健康教育远不是几节课的事 / 115

防范欺凌，老师不妨多与学生拉家常 / 118

让中小学生"识五谷"很有必要 / 121

给新生"下马威"的套路别玩为好 / 124

有价值追求的学校才是"最好的学校" / 127

给教师失控的情绪做个CT / 130

不喜欢，缘何也成了好老师 / 133

今天依然需要提倡园丁精神 / 137

老师到底要不要像老师 / 140

且慢为"教书匠"正名 / 143

为师不为匠 / 146

（三）———————————————— 家庭篇

菜园里的教育学 / 153

孩子只读杂书不爱读经典怎么办 / 155

孩子读初中，住校好还是走读好 / 158

叫停"家长作业"不仅是给家长"松绑" / 160

家长对考级考证不妨佛系一点 / 163

当你处在恋爱到婚姻的转折点——父亲给儿子的信 / 166

嘿！这是我自己的人生 / 168

四 ——————————— 社会篇

普通教师相继成"网红"的启示 / 173
教培行业要挠在客户的痒处 / 175
不能任由谣言消耗公共资源 / 178
莫把求职难都归因为"鄙视链" / 181
美丽中国需要垃圾分类新时尚 / 183

跋 / 186

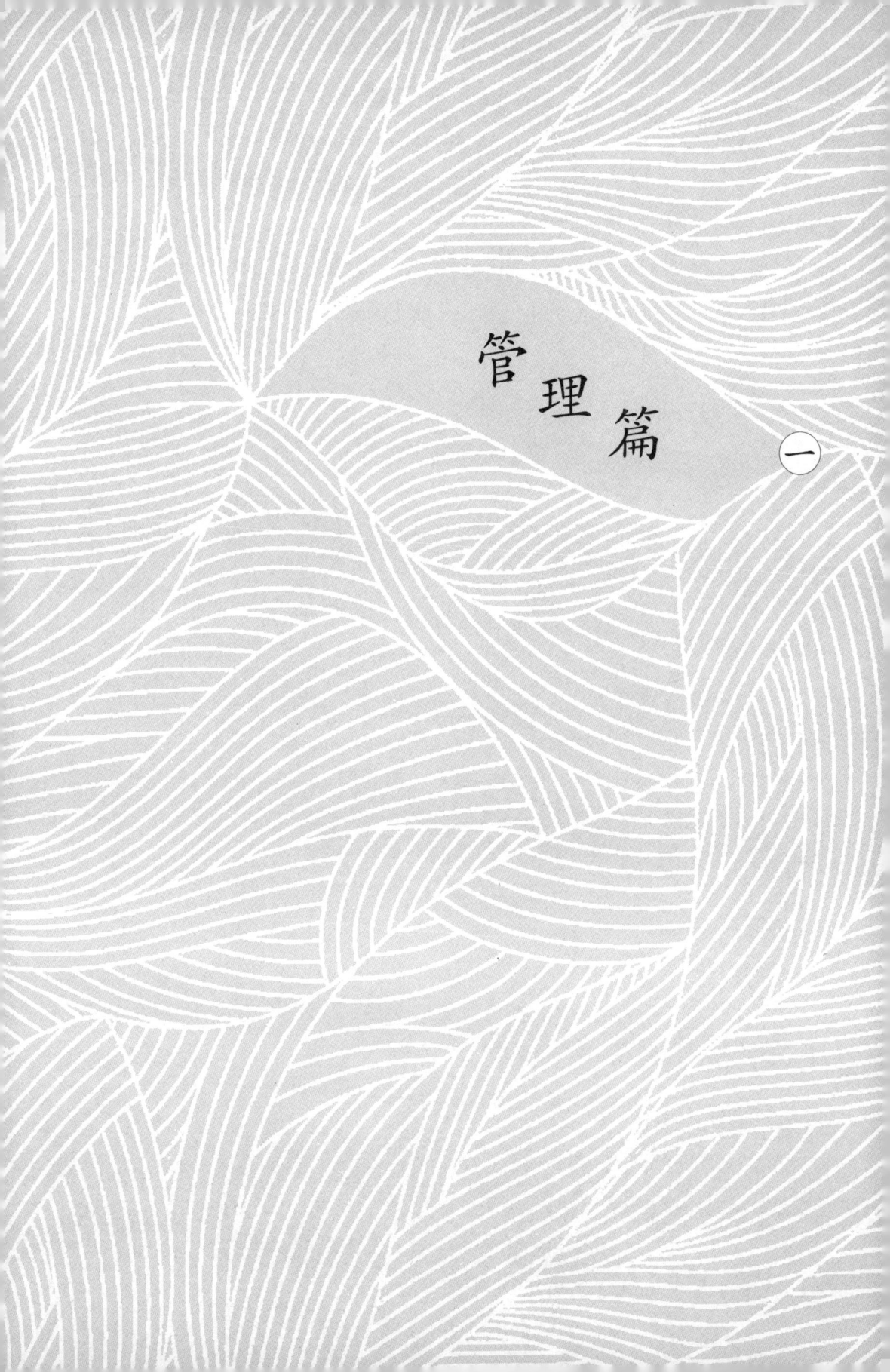

管理篇 （一）

教育的大敌

妨碍教育事业发展的最大敌人是什么?似乎很难回答,也可能不同的人、站在不同的角度都有不同的理解。

且看三个历史小故事,如果不能找到答案,至少能获得启迪。

一

清末在华英国传教士李提摩太(1845—1919),是个著名的"中国通"。他在《亲历晚清四十五年》一书中,记录了这样一个故事。

清光绪十四年(1888),为帮助清政府官员与有识之士了解不同民族的历史进程,李提摩太撰写了一本题为《现代教育》的小册子,介绍世界上七个最先进的国家在教育上的进展。在向北京的高级官员散发这本小册子的同时,李提摩太也把它作为礼物送给了住在天津的直隶总督李鸿章。

在小册子中,李提摩太建议中国政府进行教育改革,并为此每年投入100万两白银。

每年100万两!对这个建议,李鸿章的答复是:"中国政府承担不了这么大一笔开销。"

李提摩太说:"那是'种子钱',必将带来百倍的收益。"

李鸿章问:"什么时候能见成效?"

李提摩太回答:"需要20年才能看到实施现代教育带来的好处。"

"噢!"李鸿章立刻回绝:"我们等不了那么长的时间。"

二

王照(1859—1933),字小航,近代汉语拼音改革的先驱,著名教育改革家,曾参与百日维新。据胡适(1891—1962)在王照遗著《小航文存》一书的序言中记载,王照曾告诉胡适,早年他与康有为(1858—1927)有过一次鲜为人知的论辩:

戊戌年,余与老康讲论,即言:"……我看止有尽力多立学堂,渐渐扩充,风气一天一天的改变,再行一切新政。"老康说:"列强瓜分就在眼前,你这条道如何来的及?"

时光匆匆。亲历了清政府的灭亡、北洋军阀统治的结束和国民党政府的粉墨登场,中华民族依旧在积贫积弱中动荡。32年后,王照在回忆当年与康有为的这番论辩时,感慨万千:"天下事哪有捷径!"

三

严复(1854—1921)是《天演论》的翻译者,维新变法、救亡图存时代思潮的领军人物,名扬海内外。光绪三十一年(1905)初,52岁的严复因开平煤矿矿务诉讼案赴英国交涉,39岁的孙中山(1866—1925)慕名前往伦敦拜访,向他请益。

严复说:"以中国民品之劣,民智之卑,即有改革,害之除于甲者将见之于乙,泯于丙者将发之于丁。为今之计,惟急从教育上着手,庶几逐渐更新乎。"

面对严复的建议,血气方刚的孙中山回答说:"俟河之清,人寿几何?君为思想家,鄙人乃实行家也。"

在严复看来,民族振兴、国家强盛,最终靠的是民族素质的整体提高,靠改革、革命是不能从根本上解决问题的。所以最要紧的是从教育着手,慢慢去改变和改造民族素质。这是严复的逻辑。但在孙中山看来,严复的"教育救国""教育强国"之路固然也不错,却像等待黄河水慢慢澄清那样遥远。

四

三个故事、六位著名历史人物、两种截然不同的价值取向,留给我们太多的感慨与思考。

"一万年太久,只争朝夕。"李鸿章、康有为、孙中山都是叱咤风云的政治人物,为了自己的政治理想而矢志奋斗、不遗余力。他们饱含家国情怀,希望通过外交、办洋务、维新改良甚至暴力革命等手段,让中华民族尽快摆脱外忧内患、民不聊生的贫弱状态,走向强大。但他们却没有一个愿意接受对方恳切的建议,从教育入手,为中华民族的崛起固本夯基,倒是变得一个比一个焦躁。办教育见效慢、周期长,教育效果具有滞后性,人才的培养、教育质量的提高都不可能"短平快"地实现。在他们看来,兴办教育带来的实际效果在自己任上甚至寿限之内都可能看不见、等不到!

"等不起"的心态是教育最大的敌人,有这样焦躁心态的人也不可能把教育办好。

如果说在列强环列、民族危亡的年代,李、康、孙等历史巨擘的急躁、功利心态还可以理解的话,那么当今的地方党政领导干部如果仍以这种"等不起"的心态去看待教育事业的改革与发展,就十分有害和很值得商榷了。

办教育需要钱,办更多更好的教育需要更多的钱。有钱可以很快造出漂亮的新学校,但不一定就能办成一所好学校。关心支持教育的普罗大众,尤其是地方领导、教育投资人对教育的认知与心态,对教育能否健康、顺利发展至关重要。

改革开放以来,随着地方经济的发展,各级地方政府都把教育看成"重大民生事业","大手笔"投资教育事业,教育面貌发生了翻天覆地的变化。但我们也看到,很多执掌地方人、财、物以及土地等资源并决定资源流向的地方党政官员,都怀有立竿见影的期望与冲动,期待在自己的任上见到可以量化、能写入党委政府年度报告的教育产出与成效,让地方教育成为自己政绩考核中一道亮丽的风景。但结果呢,除了校舍不断更新、校园不断扩张、新校园不断建成、学校办公设施和教学环境改善以及由此带来的招生规模迅速扩大等方面的数字增长之外,在教育质量、办学水平的提高方面,总觉得投入与产出不成比例。

于是乎,地方党政领导与教育部门领导之间的关系经常很尴尬,弄得大家都很焦虑,都不淡定。有些地方教育部门和学校为了迎合地方官员,不得已做一些"面子工程"甚至弄虚作假的事情,隔三差五制造一些"泡沫式"的教育改革;有的政府官员甚至直接插手教育内部的具体事务,比如给教育部门下高考升学率、升入清华北大的人数、引进"名师"数量等指标,期待当地教育能"超常规发展""跨越式提升"。诸如此类等等。

教育需要慢慢来,教育规律发生作用最明显的一个特征就是"慢"。立德树人不可能三年、五年就能见分晓,教育要静下心来慢慢做,久久为功。"慢"是一种定力、一种坚守、一种专注。办教育最忌"李书记来了种李子,陶书记来了种桃子"那样一波一波搞"运动式"发展,不能每天惦记着埋进土壤里的种子,三天两头去刨开来看看发芽了没有。

等不起的民族是赢不了的民族。今天,从学前教育到中小学教育到高等教育,整个中国都弥漫着功利、急躁的味道。对此,教育部门、广大教师固然要保持清醒,保持定力,遵循教育规律;但是,如何为教育部门和广大教师提供和维护潜心育人的社会环境,地方党政领导也是很值得反思的!

2021 年 4 月 11 日

按教育规律办事才能收获人民满意

党的十八大、十九大先后作出了努力"办好人民满意的教育"的庄严承诺。这一承诺正成为各级领导干部的工作方向、坚定信念和决心。但值得注意的是，我们要防止简单化地理解人民满意，把它不分场合、不设条件地使用或作为衡量具体工作的标准，以至于把好好的"经"念歪。

比如，有的地方本着"办好人民满意的教育"的思想，把最好的中学迅速扩建成了近万人的"超级中学"，人为地造成"一头独大"；有的地方把升学率作为衡量"人民满意不满意"的唯一指标，高考升学率下降、上"清北"人数减少，地方"父母官"就心急如焚，又是约谈重点高中的校长，又是向全县人民公开道歉；有的地方一方面不断增加教育投入，新教学楼、新校园拔地而起，另一方面却在拖欠、克扣教师工资，视师资流失而不顾，等等。

在笔者看来，"办好人民满意的教育"是我们发展教育事业的一个最终目标，是我们的"教育大同梦"。但如果把它当做具体工作的衡量标准，就很难把握。一方面，教育工作的系统性、复杂性、滞后性和专业性，使得涉及某个教育项目、某项教育政策，很难简单用"人民满意不满意"去衡量。另一方面，"人民"具有高度抽象性，是一个集合概念。具体某项教育工作以"人民满意不满意"为标准，操作上有很大难度。比如，人民今天满意，明天还会满意吗？人民今天满意、明天

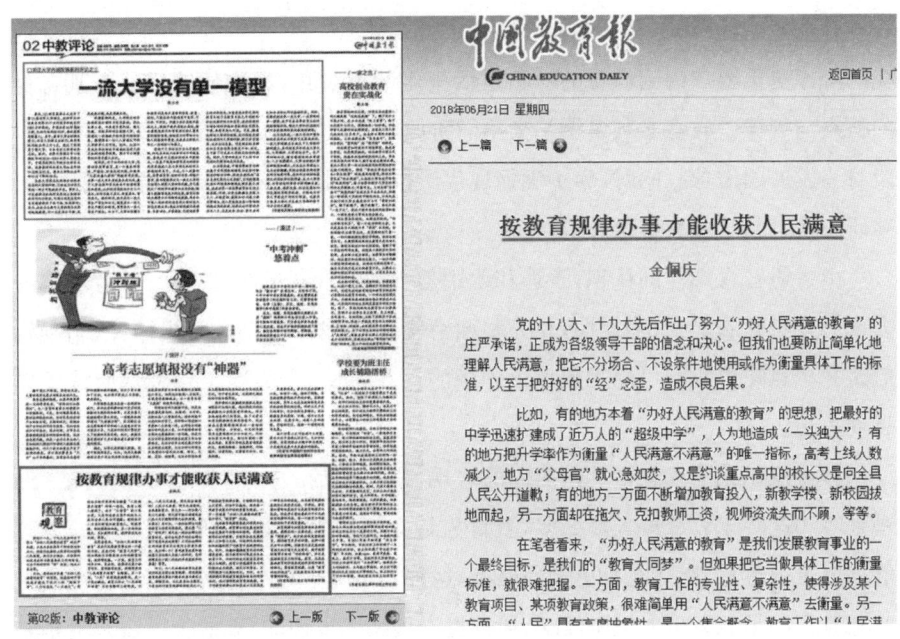

也满意的,当然要抓紧办、努力办;但如果人民今天满意、明天很可能不满意或者人民今天不理解但明天会很满意,要不要办? 再比如,部分社会群众对解决某个教育问题的诉求很强烈,算不算"人民"的呼声? 满足这一批社会群众的教育诉求,会不会给另外的社会群众留下隐患或造成损害? 不同社会群体之间的教育诉求出现对立时要不要办,先办哪一个? 某项教育政策和措施惠及当地绝大多数人的同时,怎样保障其余少数人的权利并设置畅通、有效救济的渠道? 等等。

所以,办人民满意的教育最终还是要回归到是否符合教育规律、有没有按教育规律办事这个根本标准与要求上来,脚踏实地、认认真真地去落实。只有始终对教育规律保持敬畏之心,严格按教育规律办事,才能做到态度上不草率、行动中不偏向,确保每一项教育决策与行动的质量与效益,一步一步朝着"办好人民满意的教育"这个伟大"教育梦"迈进。

遵循教育规律首先需要我们敬畏教育规律,沉下心来研究和认识教育规律。教育事业的发展受经济社会发展水平的影响和制约,并满足经济社会发展的需要,为经济社会发展提供人才和智力支持。对这种关系的认知和把握体现了对教育外在规律的认识，是办好地方教育不可或缺的。但同时，把握和遵循教育内在的规律更重要。因为教育的对象是活生生的青少年，而他们的成长有其自身的特点与规律。教育必须遵循学生不同阶段的成长规律，满足不同学生、不同阶段身心发展的需求。同时，为了确保现代学校教育制度和体系的科学运行，还必须研究教育教学和教育管理规律。

由于对教育规律的认识、表述和运用是一种专业化的技能，而且教育规律的表现形式具有层次性、多样性，要完整而清晰地表述什么是教育规律并不容易。但这并不意味着我们可以无视教育规律的存在，每一个教育工作者都应该予以高度重视。

教育规律无论有怎样具体多样的表现，最根本的一点要求是：办教育要"慢慢来"。"这些年教育投入那么多，教育为地方经济发展的贡献在哪里？"地方政府高度重视教育，期待教育更多的回馈，这种心情完全可以理解。但教育尤其是基础教育满足地方重大民生需求、提升投资环境等方面的"即时价值"，并不是基础教育真正的价值。教育，尤其是基础教育的价值具有"滞后性"，具有延时显现和满足的特点。尊重教育规律，认清"教育的延时效应"，才是教育远见和教育智慧的体现。

按规律教育办事，意味着教育工作者需要有专业化的知识与技能，并保持自己的信仰和坚守，不为社会上的功利和浮躁观念所动，研究规律，潜心育人，树人百年。同时，全社会更要树立"尊重教育，就要尊重教师、尊重教育规律"的思想，对教育工作者给予更多的理解，携手去收获"人民满意的教育"。

（本文系刊于《中国教育报》2018年6月21日第二版"中教评论"的文章原稿）

以专业化管理赢得决策自主权

据媒体报道,浙江某市教育局日前因"损害营商环境问题"被市纪委通报,相关责任人分别受到免职、调离岗位、诫勉谈话等处分。

在人们的通常印象中,地方教育行政部门是一个专业性、业务性很强的政府职能机构,因为"在服务招商项目中履职不力、作风不实、服务不周"而被地方党委政府严厉追责,让人有些意外。笔者无意去评析这一事件的处理结果,但从中有所触动的是,作为地方政府管理本行政区域内教育工作的职能部门,需要明确并强化自身的"专业管理者"定位。

教育管理部门要强化专业化的定位,意味着教育管理者也要强化专业化管理者的定位。所谓"专业管理者"不同于一般的管理者,其重点在于"专业"二字。那么,教育行政管理是一种专业化的管理吗?回答是肯定的。

教育行政管理的专业化源于学校教育的专业性。教育是一门艺术性很强的科学,学校教育和管理工作是一种专业,而不仅仅是一种职业。专业不等同于职业,它是一种不可替代的、从业者需要经过专门而系统的培养和训练才能胜任、为社会提供独特服务的职业。现代学校教育工作和管理工作具有系统性、复杂性、专业性以及学术性等特点,最根本的要求是必须遵循教育教学规律,只有按教育规律办事才能把教育工作做好。因此,教育工作者必须拥有特定的专业知

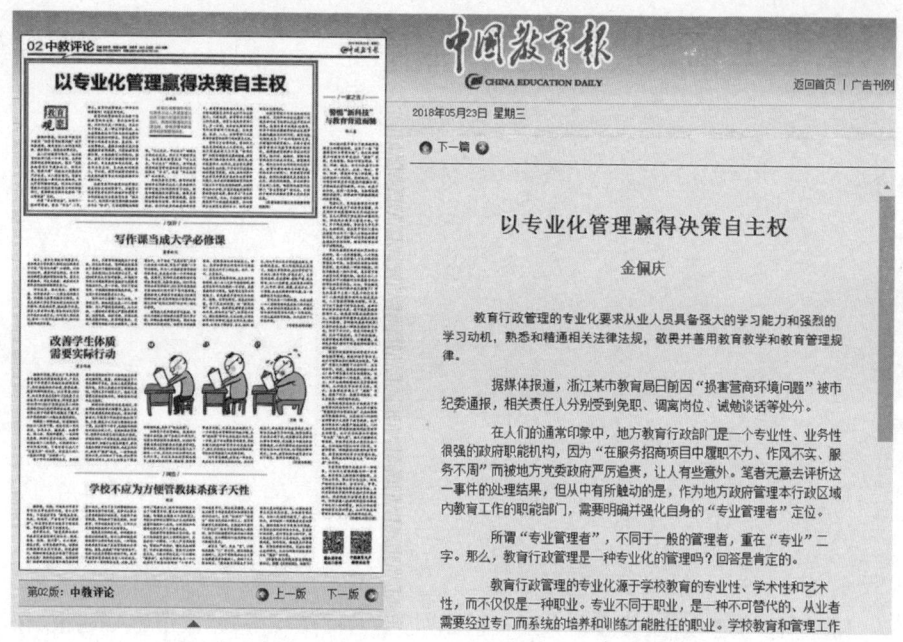

识、专业技能和专业伦理,具有专业自主权、专业自决权和创新能力。教育行政管理的专业化是现代教育专业化的客观要求和逻辑的必然。

在教育教学和教育管理专业化的背景下,非教育工作者单凭学生时代的经历和养育子女的经验就对当前教育改革"指点江山",或对某个教育事件精准把脉并开出"妙方",变得越来越困难。"它山之石可以攻玉"的情况当然还会发生,但不大可能经常发生。如果某地经常发生"它山之石可以攻玉"的情况,很可能是那里的教育管理者和教育行政部门还很不"专业",确切地说是"专业成熟度"还不够高。

打铁先要自身硬。教育行政管理的专业化要求其从业人员具备强大的学习能力和强烈的学习动机,熟悉和精通相关法律法规,敬畏并善用教育

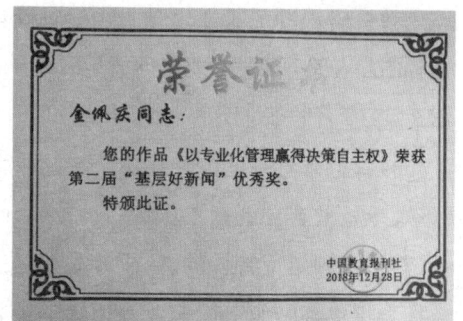

▲本文获《中国教育报》第二届基层好新闻优秀奖

教学和教育管理的规律。在坚持全面依法治国、依法治国、依法执政、依法行政共同推进的新形势下,教育管理者更要提高站位,深刻领会习近平新时代中国特色社会主义思想中关于教育的论述,持续不断地提高自身的专业水平和业务能力。只有这样,我们的教育管理者和管理部门才跟得上时代的发展,培育适应未来的人才。另一方面,全社会都要维护教育行政管理部门的权威,各级党委、政府、人大、政协等部门尤其要维护教育行政部门的决策自主权。

有作为才会有地位,有地位又能在更高的起点上作大为。面对地方党委政府大力开展"招商引资"加快区域经济发展等战略,教育行政部门既不能不作为、慢作为,也不能虚作为、乱作为,应当责无旁贷地发挥专业优势,搭建招商引资的平台,主动作为、精准作为,千方百计引进高端教育资源。当然,具体到某个民企教育品牌是否适合本地需要等问题上,地方党委政府要相信教育行政部门能够立足于专业思维和视野,全面科学地加以分析,不宜片面追求招商引资的资金完成率,要放手让"专业部门"去运作。比如,引进盈利性很强的校外辅导品牌固然可以促进有效投资,但对增强当地教育发展的活力、优化教育环境不见得就有利。

对教育管理工作专业化的定位和要求,是经济和社会发展到一定程度,对教育规律的认识逐步深化的结果。我国改革开放即将迎来40周年,改革开放给我国经济和社会发展带来翻天覆地变化的同时,教育的面貌也悄然发生了广泛而深刻的变革。教育投入的不断增加、教育资源的不断丰富以及教育理念的不断进步和提升,使得按教育规律办学成为现实需求和可能。粗放的、短缺的、简陋办教育的状态已经成为历史,教育法制化、规范化、现代化和专业化的时代已经开启。教育法律法规体系不断完善,课程改革不断深入、素质教育不断推进,教师队伍建设更是呈现出专业化、规范化的趋势。一句话,教育变得越来越专业。

专业的事让专业的人去做。强化教育行政部门"专业管理者"的定位,有利于新时代我国教育事业更好更快地发展。

(本文系刊于《中国教育报》2018年5月23日第二版"中教评论"头条的文章原稿)

发挥好家庭教育的特殊作用

媒体报道,《江苏省家庭教育促进条例》日前获通过,并将于今年6月1日起施行。记得在去年11月份,该条例草案在初次审议时就引起了全社会的关注。经过广泛征求社会各方意见和反复修改完善,该条例于今得以"顺产"落地并将付诸实施。

该条例的亮点之一是,明确提出了地方政府在促进家庭教育健康发展中的责任。具体包括:由教育部门、妇联共同承担推进家庭教育工作职责;县级以上地方人民政府应当将家庭教育事业列入国民经济和社会发展规划,组织制定家庭教育工作专项规划,并将家庭教育工作纳入年度工作督查、考核体系,对家庭教育实施情况进行检查和评估;家庭教育工作经费纳入地方政府本级财政预算等。

地方政府促进家庭教育的条例能够率先在江苏省出台并非偶然。江苏省是我国教育事业较为发达的省份之一,教育现代化总体水平较高。据了解,在苏南的部分县市,几年前就已经有地方政府开展推进家庭教育的实验。通过试点,地方政府对家庭教育指导服务的规划、家庭教育指导大纲和服务标准的制定、家庭教育指导的师资队伍、家庭教育指导机构的设置以及家庭教育信息化共享服务平台的建设等诸多方面都取得了不少的经验。

家庭是人生的第一个课堂，父母是孩子的第一任老师。孩子们从牙牙学语起就开始接受家教，有什么样的家教，就出什么样的人才。因此，家长应该担负起教育后代的责任。家长，特别是父母对子女的影响很大，往往可以影响一个人的一生。《江苏省家庭教育促进条例》的出台，有助于父母把立德树人放在首位，树立科学的教育理念，主动学习正确的、适合自己孩子的教育方法。对于促进全社会关注家庭教育、营造家庭教育的良好氛围具有积极意义。

尽管人人具有做父母的权利，但现代家庭教育理论告诉我们，教育孩子绝不是一件无师自通的事情，而是一门科学。一旦为人父母，就要加强学习，与孩子共成长。过去，我们在分析家庭层面发生的惨痛事件、总结经验教训时，习惯于把促进青少年健康成长的教育问题更多地归责于学校。虽然也强调要重视家庭教育，但更侧重于如何去配合学校教育。教育问题、青少年素质的提升是一个系统工程，家庭教育具有独立地位与特殊作用。在这个系统工程中，家庭教育不仅不能缺席，更要摆正位置，科学实施。

很显然，地方政府对家庭教育开展指导、服务，在提高家庭教育的质量与水平上具有显著优势。《江苏省家庭教育促进条例》的出台，强化了地方政府在家庭教育、社会教育中的重要地位和主体作用的认识,是政府履行公共服务职能的具体体现,更是时代的呼唤。

当然,十年树木,百年树人。面对教育的滞后效应,地方政府除了有决策的智慧和勇气,增加纳入本级财政预算的家庭教育工作经费,还要耐得住寂寞,持之以恒,久久为功,不能急于量化投入产出比。

(原刊于《中国教育报》2019年4月2日第二版"中教评论")

就"并校寄宿"致马云先生的公开信

尊敬的马云先生：

您好！

早在媒体上获知1月21日您在企业家教育沟通会上的演讲，内心就涌起与您商榷的强烈冲动。在感受您身体力行解决乡村孩子上下学奔波之苦的那分真情的同时，作为一线教师还想提醒您："中国必须大力推动寄宿制"不对！"乡村并校寄宿计划"很值得商榷！寄宿制并不是孩子们想要的，也不是义务教育学校的未来。

不瞒您说，教育饭吃得越长，越会深切感到搞教育是一件很专业的事情。30年的读书思考、30年的教龄，我仍不敢说自己很专业，因此冲动过后我选择了沉默。有更专业、更有影响力的教育界和社会有识之士在，我操什么心？犹豫至今，我才鼓起勇气写这封信。

用"并校寄宿"解决乡村孩子读书不方便问题，看似釜底抽薪。但用这种商业领域"集约化"的"效率思维"解决教育问题恐怕不合适。最大的问题是逻辑起点不合理，不符合教育规律。当然，这应该是您作为企业家对"寄宿制"了解不深有关。

一是"并校寄宿"会引发连锁问题，对学校的教育教学造成干扰。比如寄宿生的饮食管理、宿舍管理问题,室管人员的招聘、培训、使用和劳保待遇问题,接送校车的购买保养以及随之而来的行车安全问题等。有些问题您预料到了,有些问题您、我可能都还没预料到。比如少年群体居住下会不会更易诱发"霸凌"问题、心理健康问题?肺结核、流感等群体性疾病发生概率会不会增加?解决这些问题当然需要持续的经费保障,确保持续有企业家接盘,不能几年后甩包袱。

但光靠钱显然不能解决所有问题。

二是学校的功能被迫扩大了。落实义务教育"就近入学"原则,解决学生上学距离远的问题是校长、老师本职以外的问题,它原本应以家庭和社会(地方政府)解决为主。比如,家长做好接送、交通部门改善道路条件、合理布设公交线路等,当然也涉及学校的布局调整。而"寄宿制"则将问题转嫁给了校长和老师,变成了学校的问题。您也清楚,教育好孩子,学校很重要,家庭、社会也很重要,它们各自都有独特的不可替代的功能。学校的根本任务是教育教学,提高教育质量。由于低龄儿童身体和心智发育水平相对比较低,因此义务教育阶段"寄宿制"的管理难度大、问题多、要求高。这不仅导致学校的管理成本大大增加,也分散了校长在教学管理上的精力,不利于"教育家办学"的推行,对提高学校的教育质量显然不利。

当前有一种舆论导向令人担忧:一谈孩子的教育问题就想到让学校去解决。比方说,学校严格执行教育部门的规定按时放学,部分上班的家长认为太早,有意见,于是就要求学校组织"四点半学校"——帮家长解决难题似乎也成了学校和老师的"职责"。这样,家庭教育和社会教育的功能弱化了,学校和老师的负担加重了。

三是不利于孩子健康成长,这是最要命的。孩子每周五个整天都在校园的围墙里过集体生活,孩子不再有私密和独处的空间;在校学习和生活中大小摩擦产生的负面情绪得不到及时释放;也造成了与社会、特别是家庭生活的隔离。而家庭生活、父母亲情、孩子离校后相对独立自由的生活空间,会给孩子带来身心的放松、精神的滋养以及安全感,是少年儿童身心健康的平衡器、情感发育的孵化器。家庭教育、父母亲情是寄宿制下老师和室管阿姨的关爱所无法替代的,即便是留守儿童由爷爷奶奶照顾着,那熟悉的家庭环境也会发挥一定的作用。

解决乡村孩子上学距离太远问题,需要地方党委政府以及交通、教育等部门联手进行综合治理,少量的"并校寄宿"也可以,但一定要慎之又慎。寄宿制固然可以免去学生奔波之苦,生活相对变得轻松和安逸,给家长特别是外出打工的家长提供了方便。但换个角度看,上学路上的风霜雨雪、物质上的欠缺等生活的磨难,假如处在少年儿童可以承受的限度内,又何尝不是他们精神发育的"壮骨粉"和"钙片"呢?回家途中看四季变换的风景、在房前屋后田间树林撒野、帮家人劳作等,不就是与大自然亲密接触、融入乡村社会吗?这些少年生活的彩色记忆不正是他们未来的乡愁所依吗?

"一百人以下的学校,老师也不愿意去,学生也学不好。"言之有理。但解决"老师不愿意去"最简单、最直接的办法,恐怕是提供相对较为丰厚的待遇。东部教育发达地区的"援疆教师"选派不是一向都很热门吗?是否与作为国家战略的"援疆教师"待遇有很好的保障有关?让乡村小规模学校的老师享受特殊待遇与补贴,体制内解决比较为难,但假如您想做就简单,不用"并校寄宿"啊。

还有一个问题是"寄宿制"模式所处的政策窘境和法理风险。

政策窘境。一方面,教育部严令不得延长义务教育阶段学生的在校时间(而且也没有明文规定寄宿制学校可以例外),以减轻学生负担,保障师生的合法权益,另一方面,现行的寄宿制学校却在突破这一规定。

法理风险。学校是否可以寄宿未成年学生(一般指未满16周岁),在我国法律界属于一个灰色地带。我国法律没有明确寄宿学校对未成年学生是否具有监护责任,但每周五天的寄宿已经构成了学校在履行监护职能的事实。一旦学生在寄宿期间发生伤害事件,学校往往很被动。您应该知道,在日本以及欧美等发达国家虽然情况各有差异,但总体上寄宿制只限于私立学校、盲聋等特殊学校,公立学校非常少见,个中缘由不言自明。

不错,目前我国义务教育阶段寄宿制学校比较普遍。社会主义初级阶段下"大国办教育"的客观现实固然无法回避,不搞"并校寄宿"很多地区就没法通过"两基验收"。但从教育教学规律和青少年身心发展的规律来看,寄宿制不代表义务教育学校的未来。确实,2015年《国务院关于进一步完善城乡义务教育经费保障机制的通知》提到要"建设并办好寄宿制学校"。但这是在《国家西部地区

"两基"攻坚计划(2004—2007年)》实施过程中撤点并校过快,农村寄宿制学校建设一哄而上,造成农村学生上学"远、难、贵"的背景下,作为一种紧急补救措施提出来的。

作为基层教育工作者,我以为提高乡村教育水平最为迫切的是两件事情:一是大幅提高乡村教师的待遇和条件,让好老师愿意去、留得住。这个道理不用多说。二是普及家庭教育常识,帮助家长提升教育水平,多陪伴、多沟通,改善亲子关系,让孩子的情感世界、精神世界丰富而有色彩。其中第二件特别亟需,意义特别重大。幼儿园里的孩子几乎个个都聪明可爱,为什么后来上的学校就有重点高中、一般高中等"三六九等"之别?原因当然很多,但只要看看不同学校的家长会上家长的整体风貌就会明白:孩子在家庭教育上就已经分出输赢了。

尊敬的马云先生,近年来,您作为一名成功的企业家,不但频频为推进教育改革鼓与呼,还身体力行,致力于乡村特别是偏远地区的教育条件和教育水平的提升,开展包括乡村校长培训计划、乡村师范生计划等善举,我作为基层教育工作者对您的敬佩和感激无以言表!中国教育需要您这样具有博大情怀的企业家领袖的支持和关注。我以上一些想法不一定正确,若有冒犯也敬请谅解。希望也坚信,以您的胸怀丝毫不会因我这封信而影响您推进乡村教育发展的热情和决心。顺祝:

新春迪吉、百事顺遂!

乡弟金佩庆
2018年2月6日

以专业化指导　保障校车安全

前不久,媒体又披露一起幼儿园儿童被遗忘在校车内导致其长时间脱水死亡的惨痛事件。自2012年4月国务院公布实施《校车安全管理条例》以来,教育部会同相关部门联合推进各地贯彻落实,各地政府和教育部门积极响应,制定条例实施办法,对保障乘坐校车学生的人身安全起到了重要而积极的作用。但从媒体披露的情况看,使用校车而引发的安全责任事故还是时有发生。

回溯近几年来各地发生的同类事故,会得出一个共识,那就是避免发生幼儿被遗忘在校车里的悲剧,关键环节在于跟车老师和司机能在车辆停放、落锁之前,进入车厢内认真检查一遍。也就是说,重点在于将《校车安全管理条例》第三十九条中对随车照管人员应当履行的职责——"核实学生下车人数,确认乘车学生已经全部离车后本人方可离车"履行到位。而在许多地方教育管理部门和幼儿园根据该条例等规定制定的校车安全管理方案或实施细则中,已经将相关条款作了细化:"在跟车结束前,必须对整个车厢进行检查,确保没有一个幼儿被遗留在车上。"要求可谓更加具体、明了,更具有可操作性。但为什么悲剧还会不幸降临呢?

从现实来看,幼儿被遗忘在校车里的事故,多是发生在小规模、办园条件比较简陋的私立幼儿园,安全管理相对薄弱。因此,严格管理制度,强化对教师和

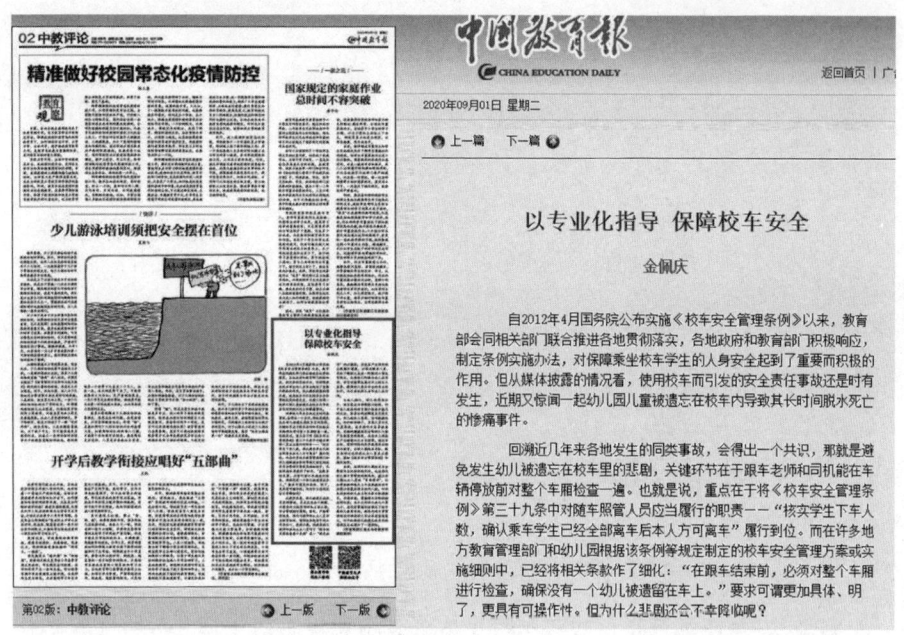

从业人员安全教育培训,增强校车使用中的工作责任心,很有必要。但最关键的是要提高幼儿教师和其他幼儿园从业人员的认知,在思想上深切感受到"跟车结束前检查整个车厢"这一"规定动作"的必要性和不可替代性,在行动上产生自觉履行的强烈意愿。

常识告诉我们:对于成年人,就算你不进车内检查,他们也不至于被领队和司机遗忘在车内,但低龄小朋友不一样!为此,必须让跟车人员、司机理解并掌握低龄幼儿的心智发育特点,明白他们与成年人哪怕是中小学生相比,在思维、语言功能等发展水平上都有巨大差异,绝不允许为了图省事用诸如拍打车门、在车厢外高声询问等应对成年人十分奏效的"自选动作"来替代"进入车厢内检查"。

与成人相比,幼儿的思维水平、语言表达与理解能力较弱,对于成人发出的语言指令往往不能及时反应,容易出现误解甚至没有反应;幼儿尤其是3岁左右的托班、小班幼儿肢体力量弱、动作敏捷性低、语言及思维反应缓慢;他们体形矮小,身高大多不及车座靠背的高度,在车厢内不容易被看到;车辆行进过程的颠簸摇晃会给幼儿大脑产生摇篮里的感觉，导致意识模糊——假如头一天晚上睡得迟，坐在车上就更容易产生睡意而无法自控。这些情形都可能导致车上的幼儿不能对下车的语言指令和其他声音产生及时作出反应并毫无声息地滞留在车内。校车司机、跟车老师以及所有幼儿园从业人员只有深刻领会这些学前教育的专业化、有针对性的知识，对低龄幼儿的心智发育特点有充分的认识，才会真正把《校车安全管理条例》和相关细则落实、落细。

当然，在强化幼儿园校车安全管理专业化培训的同时，也应强化幼儿园日常管理的规范化，建立幼儿园从业人员的"负面清单"。比如：带班教师每天上午必须清点班内幼儿人数；对尚未到班的幼儿应立即与家长取得联系，弄清原因；在掌握情况并做好相应的记录之前不得开始班级保教活动，等等。规范化的日常管理制度对确保幼儿安全具有重要意义，对于杜绝幼儿被遗忘校车内的悲剧发生也会增加一道保险。

（原刊于《中国教育报》2020年9月1日第二版"中教评论"，略有补充）

守望幸福童年
——对《学前教育法草案(征求意见稿)》的修改建议

一、对第四条(方针目标)的修改意见

原稿：

第四条(方针目标)　实施学前教育应当坚持中国共产党的全面领导,全面贯彻国家教育方针,坚持社会主义办学方向,落实立德树人根本任务,遵循儿童身心发展规律,培育社会主义核心价值观,促进儿童德智体美劳全面发展,为培养担当民族复兴大任的时代新人奠定基础。

修改：

第四条(方针目标)　学前教育应当坚持中国共产党的全面领导,全面贯彻国家教育方针,落实立德树人根本任务,遵循儿童身心发展规律,促进儿童德智体美劳全面发展,守望幸福童年,培养阳光儿童,为造就担当民族复兴大任的时代新人奠定基础。

说明：

1. 删去"实施"二字,语义不变。
2. 国家教育方针中已经包含"坚持社会主义办学方向",属重复,删去。
3. "培育社会主义核心价值观"体现了我国的制度文明和教育特色,但学前儿

童的思维水平尚不具备培育"价值观"的条件,制订教育法律不同于一般做宣传。

4. "幸福的人用童年治愈一生,不幸的人用一生治愈童年。"学前教育必须凸显对"儿童幸福"的价值追求,关注儿童的快乐指数、幸福指数;缺失了这一价值追求,本法在很大程度上就失去了意义。

5. 关注儿童心理健康,增加"阳光儿童"的培养指标。

二、对第十三条(儿童权利)的修改意见

原稿:

第十三条(儿童权利)　国家保障学前儿童的受教育权。

对学前儿童的教育应当坚持儿童优先和儿童利益最大化原则,尊重儿童人格,保障学前儿童享有游戏、受到平等对待的权利。

修改:

第十三条(儿童权利)　国家保障学前儿童的受教育权等各项权利。

学前教育应当坚持儿童优先和儿童利益最大化原则,尊重儿童人格,保护儿童的自尊心、自信心和好奇心,保障学前儿童享有游戏、受到平等对待等权利。

说明:

1. 学前儿童的权利不仅仅局限于"受教育权"。

2. 鉴于尊重儿童人格的重要性和被忽视的现实,需强调儿童"自尊心"的保护。

3. 自尊心、自信心和好奇心对于儿童发展具有无量价值。

三、对第三十二条(保教方式)的修改意见

原稿:

第三十二条(保教方式)　幼儿园应当以儿童的生活为基础,最大限度地支持和满足儿童通过亲近自然、实际操作、亲身体验等方式获取经验的需要,促进儿童在健康、语言、社会、科学、艺术各方面协调发展。

修改:

第三十二条(保教方式)　幼儿园应当以儿童的生活为基础,通过亲近自然、实际操作、亲身体验等方式,最大限度地支持和满足儿童获取经验的需要,促进儿童在健康、语言、社会、科学、艺术各方面协调发展。

幼儿园应当确保儿童的室外活动时间平均每天不少于 X 小时（比如"两个半小时"或"由地方教育部门规定"）。

说明：

1. 第一款的句子结构较复杂，适当调整。

2. 就儿童的室外活动时间特别增加一款。理由：

（1）足量的室外活动对于儿童骨骼发育、近视预防、情绪改善等方面具有极其重要的意义。

（2）幼儿园尤其是私立园普遍对室外活动不够重视，生均室外活动场地面积普遍很低；儿童大部分时间呆在室内，视野和空间狭窄，近视早发高发，抵抗力下降，心情压抑。

四、对第三十九条（禁止行为）的修改意见

原稿：

第三十九条（禁止行为）　幼儿园不得教授小学阶段的教育内容，不得开展违背学前儿童身心发展规律的活动。

修改：

第三十九条（禁止行为）　幼儿园不得教授小学阶段的教育内容，不得套用小学授课方式，不得采用枯燥的死记硬背、布置书面作业等做法。

说明：

1. "小学化"不仅表现在教授内容，还包括教授方式、课堂结构、作息时间等，本条如何表述值得再斟酌。

2. "不得开展违背学前儿童身心发展规律的活动"的提法太原则、笼统且与第四条重复，可删去。

五、对第四十六条（职业规范）的修改意见

原稿：

第四十六条（职业规范）　幼儿园教师、保育员、卫生保健人员和其他工作人

员应当身心健康,遵守法律、法规和职业道德规范,尊重、爱护和平等对待学前儿童。

修改：

第四十六条(职业规范) 幼儿园教师、保育员、卫生保健人员和其他工作人员应当身心健康、遵纪守法、遵守职业道德规范,遵照《幼儿园教师专业标准》不断修炼、提升专业素质,尊重、爱护和平等对待每一位儿童。

说明：

1. 职业规范应当突出从业人员的专业化,以专业素质为核心。

六、对第三十三条(课程资源)、第五十一条(师资培养)中两处"教学"一词使用的意见

原稿：

第三十三条(课程资源)

(第一款略)在幼儿园推行使用的课程教学类资源应当依法进行审定,具体办法由国务院教育行政部门制定。

(第三款略)

第五十一条(师资培养)

(第一款略)国务院教育行政部门应当制定高等学校学前教育专业设置标准、质量保证标准和课程教学标准体系,组织实施学前教育专业质量认证,建立培养质量保障机制。

修改：

第三十三条(课程资源)

(第一款略)在幼儿园推行使用的课程文本资源应当依法进行审定,具体办法由国务院教育行政部门制定。

(第三款略)

第五十一条(师资培养)

(第一款略)国务院教育行政部门应当制定高等学校学前教育专业设置标准、质量保证标准和课程标准体系,组织实施学前教育专业质量认证,建立培养质量保障机制。

说明：

1. 原稿全文"教学"一词出现两次，都属于正面叙述，分别罗列于此。建议避开正面使用该词。

2. 据《教育大辞典》：教学（teaching），即以课程内容为中介的师生双方教和学的共同活动……从时间序列看，教师和学生课前的准备活动、共同进行的课内活动、课后的作业批改、联系、辅导、评定等都属于教学活动。

3. 按照"教学"的定义，其使用的语境对学前教育基本不太适合，尤其是在"小学化"屡禁不止的情况下。

4. "教学"一词在21世纪初以来国务院、教育部下发的学前教育主要文件中基本已绝迹（见本人曾经统计的数据表）。

附：21世纪我国学前教育重要文件中"教学"等词的统计（次数）

文件名称	发布机构	发布年份	全文字数（个）	上课	教学	教育	保育	保教
《幼儿园教育指导纲要（试行）》	教育部	2001	5800	0	1	54	1	1
《关于当前发展学前教育的若干意见》	国务院	2010	4200	0	0	86	0	7
《幼儿园教师专业标准（试行）》	教育部	2012	2000	0	0	22	6	6
《3—6岁儿童学习与发展指南》	教育部	2012	2200	0	0	47	2	0
《幼儿园工作规程》2016年版本	教育部	2016	7400	0	0	66	14	3

（2020年10月6日夜初稿，有删改）

虐童案考验地方政府决策智慧

扇耳光、拍头、打屁股、脱衣示众、关小黑屋……1月4日,郑州市某幼儿园(据报道推断应属私立)20多个孩子常被老师殴打的骇人事件被披露。笔者网上搜索发现,自去年11月17日至今媒体披露的"幼师虐童"事件至少有6起,曝光频率为6.7天一起,涉及四川、浙江、河北、安徽、河南五省。

近些年,"幼师虐童"事件频发,似乎已经由个案演变为一个社会问题。为遏制"幼师虐童"事件的发生,可以说从中央到地方都在动脑子、想办法。2015年通过了《刑法修正案(九)》。依照其规定,教师虐童"情节恶劣的,处三年以下有期徒刑或者拘役"。各级教育部门处理"幼师虐童"事件从不姑息、手软。但凡有"幼师虐童"事件曝光,地方教育部门、公安机关无一例外地在第一时间介入,依法依规对相关教师和幼儿园予以严肃处理。同时,教育部门还积极开展师德师风、法律法规等方面的警示教育,要求各幼儿园坚决杜绝虐童事件发生。

针对"幼师虐童"现象,应当说师德教育、行政措施、舆论监督、法律保障等都不缺位,但"幼师虐童"事件依然频频被曝光。怎么办?有专家学者建议,应在录用幼儿教师时增加心理测试环节,将具有暴力倾向等不适合从事幼教工作的人员提前挡在学前教育的大门之外,给"幼师虐童"来个釜底抽薪。

但"理想很丰满,现实却很骨感"。目前我国幼儿教师缺口巨大,二孩政策放

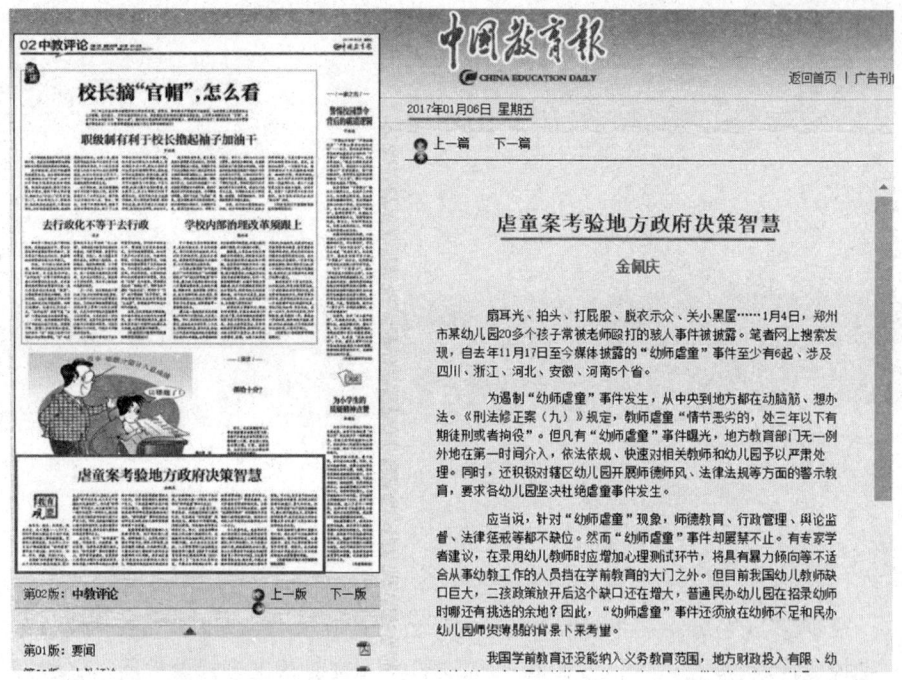

开后这个缺口还在增大。如此背景下,普通民办幼儿园在招录幼师时还有多少挑挑拣拣的余地?要做到100%持证上岗都非易事。民办幼儿园人员配备紧、教师流动频繁。年轻教师中途"一言不合就走人"或不辞而别,无人顶岗的现象时有发生。

由于历史等原因,我国学前教育还没能纳入义务教育范围,地方财政投入有限、幼师编制少。考虑到当地家庭的经济承受能力,众多民办幼儿园收费不高,为节省开支、确保正常运营,往往压缩员工配备、压低教师工资。大量民办幼儿园的幼儿教师与公办教师同工不同酬,这是众所周知的事,很多地区甚至不到当地公办教师收入的三分之一,收入不如家庭保姆。即使在沿海发达地区也很难达到当地公办教师一半的收入水平。又要马儿跑又要马儿不吃草,这如何做得到?民办幼儿园一师难求,如何能保证"幼师虐童"事件不发生?

广大非在编幼儿教师的待遇问题既是生活保障问题,也是人格尊严的问题。无论是长远来说建设一支数量足够、素质良好、比较稳定的幼儿教师队伍,还是着眼当下遏制"幼师虐童"现象的发生,都绕不开待遇问题。工资待遇不提高,何谈增加幼师职业的吸引力。当前亟待解决的是公办幼儿园教师之间、在编教师与非在编教师之间同工不同酬问题。地方政府尤其是财政、人力资源等部门应当积极落实《政府购买服务管理办法(暂行)》,支持教育部门加大学前教育管理体制改革。当务之急是在增加幼师公办编制的同时,设立专项财政资金,按照"政府购买服务"的思路给予非在编幼儿教师差额补贴,确保她们的收入水平达到公办教师收入的一半以上。

无论是增加幼师编制还是给民办幼儿园教师差额补贴都离不开钱。但这个钱是全民族的"种子钱",是地方政府对教育投入中最值得花的钱,回报率最高,相信对遏制"幼师虐童"现象也会收到显著效果。

令人欣喜的是,近些年许多地方政府都主动把发展学前教育纳入城镇和社会主义新农村建设规划,加大财政投入,大力发展公办幼儿园,积极扶持民办幼儿园。浙江义乌等县市还通过实施《学前教育三年行动计划》为发展学前教育拨土地、投巨资,重金奖励通过省级评估的普惠性民办幼儿园。可以说许多省市的地方政府对发展学前教育、扶持民办幼儿园都不缺魄力、勇气和行动。但是,"幼师虐童"的严峻现实提醒我们,只有高质量的师资才有高质量的教育,要让孩子在幼儿园里有尊严,首先要让老师有尊严,地方政府要把改善民办幼儿园老师的生存状态摆上重要议事日程。

转变观念,调整财政资金的投向。给非在编幼儿教师以差额工资补贴,使之逐步与在编教师待遇相接近;增加幼师编制,让喜欢孩子、有志于从事幼教事业的青年也有考编的希望。这不仅展示了地方政府对发展学前教育的魄力、勇气,更体现了以人为本的执政理念与决策智慧。

(本文系刊于《中国教育报》2017年1月6日第二版"中教评论"的文章原稿)

保育员投毒是幼儿园"饥不择食"的恶果

2017年3月15日17时51分许,东莞市黄江镇宝山社区某幼儿园中二班有10名儿童因身体不适相继送院治疗。经调查,这是一起保育员投毒案件,50岁的犯罪嫌疑人杨某群已被依法刑事拘留,其对违法行为供认不讳。杨某群称,投毒是因为所在幼儿园给她的工资低,她要求幼儿园涨工资,但园方以其工作未满一年为由拒绝。为此,她还曾有过一次短暂离职。

作为一个奶奶级女性,竟会以如此歹毒的方式泄私愤、毒害无辜儿童,令人不寒而栗!不过,这起事件背后所透露的严峻社会问题,更是细思极恐:合格幼师严重短缺,幼儿园一师难求。

因为幼师短缺,幼儿园招工难,许多私立幼儿园才会"饥不择食",没经过严格资格审查、心理素质等方面的了解,就让明知没有上岗证的杨某群这样的人招来上班。

照例,杨某群讨要加薪不成离岗后,幼儿园应该很快另招员工补缺,幼儿园不会再要她。但原岗位显然还一直空着,园方没有招到顶岗的人!

为什么私立幼儿园招录幼师(包括公办幼儿园招编外教师)会那么难?

地球人都知道:薪资待遇低。

工资低绝不是杨某群之类戕害儿童的理由。但是,杨某某的辩解也道出了幼教行业一个公开的秘密:非编幼师(包括保育员)的薪资水平过低——因为待遇低,难以吸引优秀师资加盟,很多地方的幼师队伍正面临恶性循环的局面。

对于背离基本人道、师德的伤童虐童行径,任何理由都不足以宽恕而不严惩。但我们要认识到,从根本上消除幼儿园伤童虐童事件,必须着力解决好多数民办幼儿园低收费、低成本运行,非编幼师待遇过低、数量严重不足的严峻问题。

俗语云:竖起招军旗,就有吃粮人。有合适的待遇怎么会招不到好员工?待遇低了,自然只能降低用人标准了。和尚见钱,脚手轻便。四大皆空的和尚尚且如此,我们怎能强求那些领着可怜的薪资、总量庞大的非编幼儿教师成为圣人?待遇开高了,自然会有更好的人才不断加盟,幼师队伍才会稳定、安宁,我国近千万的幼师缺口才会逐渐被填满,幼师队伍的质量才会不断提高。

那么谁给非编幼师加薪,提高他们的待遇呢?国家还没有财力将学前教育纳入义务教育范围,只能谁使用、谁受益、谁给薪。但私立幼儿园不是慈善机构,它要成本核算,确保盈利(尽管"民促法"规定不允许),给幼师开高工资最终会将负担转嫁给家长。在家长经济承受能力有限的情况下,私立幼儿园只得压低幼师薪资。薪资低了,好的师资自然招不进、留不住了。这是一个结,怎么解?迫切需要地方政府出手支持。

近几年,各级地方政府不仅对幼儿园虐童事件从不姑息,始终保持高压态势,同时也在加大地方财政投入,通过新建、扩建、改建幼儿园,给普惠性幼儿园财政补贴等措施,推进普惠园建设,促进当地幼儿园上等级、改善办园条件。但是,在加快发展学前教育上,全社会特别是地方政府还需要消除一些错误观念,树立科学观点。

一是消除"幼儿园只要把孩子管管牢不出事情就行""幼儿教师不像中小学教师那样要有过硬的专业要求"的观念。实际上,学前教育是整个教育大厦的奠基工程或隐蔽工程,是基础教育的基础,对人的一生影响最大。幼儿教师承担的职责、任务与要求绝不低于中小学老师,在教育部颁布试行的"幼儿园""小学""中学""中等职业学校"四个"教师专业标准"中,《幼儿园教育专业标准》条目最多,内容也丰富。

二是消除"重视学前教育就是多建几所幼儿园,政府抓学前教育就是抓硬件"的观念,确立"提高教育质量关键靠老师""有好老师才有好教育"的观念。人才是决定因素。当务之急要把提高非编教师薪资水平作为最重要的工作抓手,逐步让幼师队伍建设走向良性循环。

在此基础上,我们要积极鼓励经济较为发达地区,建立专项财政资金,积极创造条件,尽快启动"区域免费学前教育工程"。逐步从一年(大班)免费教育开始,实现整个区域的学前教育免费。上级政府部门应当将下级地方政府在辖区推行"免费学前教育"的情况列为党政一把手政绩考核的重要指标。

2017年3月23日

把好教师入口关

一年一度的新教师招考又在如火如荼地进行中。

任何一个有经验的农民都知道,要想庄稼收成好,种苗很重要。教师队伍建设又何尝不是如此,真正让素质高、潜质好的师范毕业生进入中小学、幼儿园教师队伍,其重要意义不言而喻。

近年来,如何把好教师入口关却成了一个不太轻松的话题。虽然教师队伍不断有生力军加入,但新教师的人文素养、专业态度等仍让人诟病。比如,个别新分配的音乐教师居然不懂乐器;个别师范生笔试时居然将《鲁提辖拳打镇关西》中的"鲁提辖"写成"鲁题侠";某校组织新教师说课比赛,26名选手居然有24名坐着说课;有一位入行好几年的小学教师曾不止一次表示,看到不懂事的学生就讨厌……

因此,把好教师入口关,教育、人事等部门建立科学化、规范化的录用机制是当务之急。

坚持笔试与面试相结合并适当向面试倾斜的原则。面试容易受到公正性质疑,但没有理由因噎废食。教书需要许多操作层面的基本功,目前各地不断降低面试的权重甚至取消面试,以一卷定"生死"的做法实不可取。特别需要提醒的是,各级党委、政府尤其是纪检部门要主动为教师招聘保驾护航,变"秋后算账"

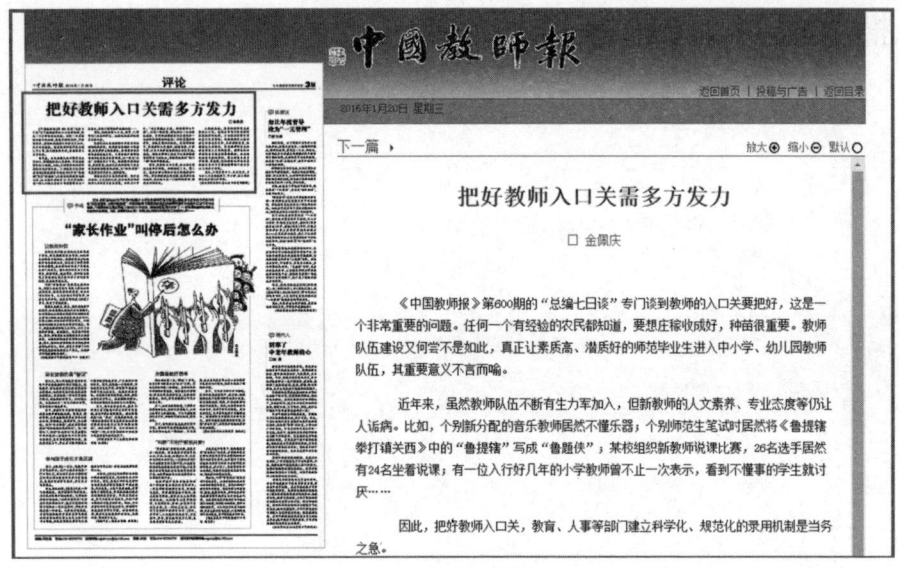

式监管为源头参与、过程监督。

　　坚持先试用后录用的原则，实行录用挂钩。正式录用之前，应当安排应聘者到用人单位实习甚至顶岗，时间至少半年。"试玉要烧三日满，辨材需待七年期。"仅靠一份试卷，哪怕再加一次面谈或试讲，要判断应聘者是否具有当好一名教师的潜质谈何容易？时间是最佳的考官，实践是最好的检验。在教学实践中，应聘者的人文情怀、道德素养、个性习惯、行为方式等就能得到真实的反映。因此，招聘主管部门完全可以在加强监管的同时下放权力，将招录流程的"临门一脚"交给学校完成。

　　同时，还要防止中小学、幼儿园片面追求高学历现象。动辄招硕士生、博士生，甚至非硕士学历不录用的做法并不可取。毕竟学校不是研究院，基础学历达标就行，因为教书是一项操作性很强、熟能生巧的功夫。

　　从长远来说，还要把好师范生培养的出口关。高校主管部门要完善师范院校考评机制，不合格的要责令整改甚至取消资格；师范院校要以基础教育的需求为导向，改革课程设置，编制接地气的教材，改变偏学科专业知识教学轻人文学科教学、重理论知识考试轻应用能力培养的做法；建立稳定的实习基地学校，设立师范生实习导师制、学徒制，保证师范生毕业前在经验丰富的中小学教师带领下有半年以上的实习时间。

　　总之,只有多管齐下、多方发力,出口和入口关都把好了,中小学、幼儿园教师队伍才会人才济济。

　　　　（原刊于《中国教师报》2016年1月20日第三版头条）

技工评价改革为"蓝领"成长赋能

日前,人力资源社会保障部办公厅发布《关于支持企业大力开展技能人才评价工作的通知》,支持各级各类企业自主开展技能人才评价工作,发放职业技能等级证书,推动建立以市场为导向、以企业等用人单位为主体、以职业技能等级认定为主要方式的技能人才评价制度。《通知》在确定技能人才的评价范围、设置职业技能等级、开发评价标准规范、运用评价方法等方面充分赋予企业自主权的同时,还将建立健全职业技能等级认定与专业技术职称评审的贯通机制。这意味保育员、电工、美容师等"蓝领",通过技能评价晋级,也能享受医生、工程师等"白领"那样的职称待遇。

随着我国经济快速发展和产业转型升级步伐的加快,"技工荒"现象不同程度存在,中国制造面临"人才瓶颈"与"技能短板"。这次技能人才评价制度改革对破解我国技能人才培养、缓解"技工荒"必将产生深远的影响。

俗话说"三百六十行,行行出状元"。但在现代社会里,技术工人要成为行内"状元",不再是自然而然产生的,而是评出来、比出来的,需要有脱颖而出的平台与机制。正所谓"世有伯乐,然后有千里马"。用人企业出于自身发展的用工需求,自主开展技能等级评比,发给技能证书并给予相应的工资与福利待遇,将大大鼓励一线青年工人爱岗敬业,埋头苦干,钻研技能,一步一步努力向高技能人

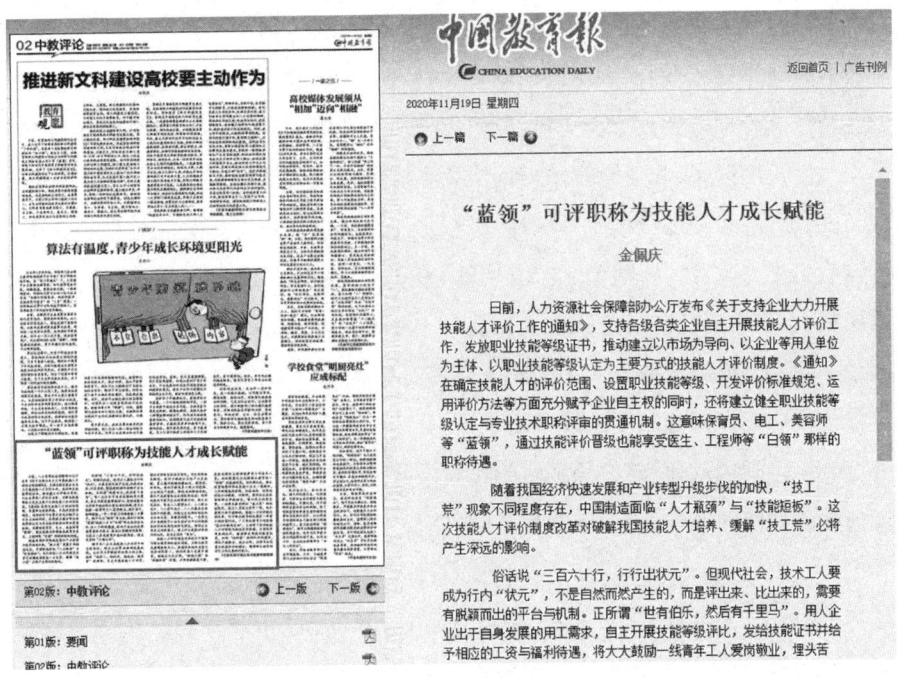

才攀升。赋予企业"相马"自主权,有利于缩短"蓝领"技能人才与"白领"职业在社会地位、收入方面的落差,有利于在全社会营造尊重技术能力、崇尚工匠精神的氛围,让技工人员更有尊严感和获得感,催生更多的"大国工匠"。

赋予用人企业在技能人才评价中的主体地位,将为企业带来新的发展机遇。企业作为市场经济和用工的主体,按照"谁用人、谁评价,谁发证、谁负责"的原则,自主开展技能人才评价,通过评价体系论证与制定,开发评价体系规范,有利于促进企业生产工艺流程、员工操作规程的精细化、规范化、科学化,有利于提高员工的工作效率、企业的生产效率,降低原材料的消耗,提升产品质量和企业的经济效益;同时也有利于提升企业的管理文化、职工文化品位,形成人人渴望成才、人人努力成才、人人皆可成才、人人尽展其才的良好文化氛围,加速企业品牌的形成和企业知名度、美誉度的提升。一些原本并不显眼的中小企业或许还可以利用技能评价体系规范的率先研发,增强企业的自主创新能力,确立行业技能评价标杆的地位,成为业内的"黑马"。

技能人才评价制度改革有利于增强对职业教育的社会认同感,为职业教育发展增添新活力。我国虽然经济总量已经居世界第二，但仍然属于发展中国家，制造业大而不强。"制造大国"向"制造强国"转型，必须依赖数量足够、技能过硬的各种熟练劳动力和技术人员，这就需要充分发挥职业教育这一"母鸡"的基础作用。但长期以来，职业教育培养的毕业生进入企业一线岗位，上升的通道很有限，社会地位、经济地位远不如教授、工程师。因此也反过来影响职业学校招生，难以吸引优秀生源。一些学生家长明知"技工荒"的社会现实，技工人员就业前景广阔，也不愿意让孩子进职校。技能人才评价制度的改革，对于职业教育的发展是一项重大的政策利好。广大职业教育工作者要"春江水暖鸭先知"，主动学习宣传技能人才评价制度的改革新举措，分享改革带来的红利，推动职业学校的教育改革，加快"双师型"教师队伍的建设，深化产教融合、校企合作，加强专业设置与技能评价的融合，增强职业教育的吸引力和发展的内驱力。

（原刊于《中国教育报》2020年11月19日第二版"中教评论"，原题为《"蓝领"可评职称为技能人才成长赋能》，略有改动）

宣传名优教师要彰显"专业化"本色

在前不久的某官方媒体上,笔者粗略分析了50余位被评为全国中小学名优教师、模范教师的事迹材料。其中,有的扎根海岛、山区等条件艰苦地区数十年,为留守儿童托起明天的太阳;有的立足教学岗位创新业,在学科教学、竞赛和科研等方面取得丰硕成果;有的投身志愿者活动,将教书育人延伸到家庭和社会,展现了高尚的师德情操和社会责任感;有的潜心课程建设和课堂变革,在课程开发中卓有建树等等,可以说精彩纷呈、各领风骚。他们的感人事迹与高尚情操为激励广大教师更好地践行立德树人提供了借鉴、树立了榜样,也加深了人们对新时代教师队伍整体形象的了解。

但同时也发现,这些优秀教育工作者的事迹介绍中,有教育思想、教育主张方面呈现(包括隐含)的很少,只占四分之一(25.49%),其中直接亮明个人教育思想的占11.76%。

十八大以来,随着党和政府对教师队伍建设的不断重视,师德师风和教师专业化建设的不断加强,各级各类名优教师不断涌现,"最美现象"层出不穷。每年的教师节前夕,各级教育部门经常会通过各种形式,借助多种媒体,向社会推送和表彰一批批"最美教师""优秀班主任"等名优教师,宣传他们的先进事迹,营造良好的尊师重教氛围。名优教师之所以名优,是他们在自己的岗位上持之以恒坚守"师德为先、学生为本、能力为重、终身学习"的信念并成为广大教师的学习典范。毫无疑问,名优教师大多有着丰富的教学经验、教育经历以及成功的教育实践,是教书育人的行家里手,著书立说的也不少。他们中大多数属于"专家型"教师或者说是名副其实的教育家,起码也是有"教育家情怀"的好老师。教师是履行教育教学职责的专业人员,一名教师既然能被社会公认为"名优",那就应该有自己信奉的教育思想和专业理念,尤其是在我国加快教师队伍专业化建设的今天,更应彰显其专业化本色与风采。

但事实上,近几年各级教育部门评选或媒体宣传的众多名优教师介绍中,都忽略了他们的教育思想、教育主张,乃至教学风格、独创的学科教学方法等内容,令人遗憾。

笔者以为,能够成为名优教师一定是不满足于当"教书匠"或者说不会把"工匠精神"当做"教育家精神"全部的人。指导他们开展创造性教育实践的教育思想和理念是成为名优教师所不可或缺的,是体现他们专业化水准的重要标志,在他们的事迹展示中应当摆在突出位置而不应被忽略。《中共中央国务院关于全面深化新时代教师队伍建设改革的意见》提出要"造就党和人民满意的高素质专业化创新型教师队伍"。要加快我国中小学教师专业化的进程,需要一批批"教育家型"的名优教师发挥引领和示范作用,引导和督促广大教师善于总结提炼自己的教育思想和理念,把零碎的经验上升为理论,形成包括教育哲学核心理念、育人观、学生观、学科教育思想甚至是行之有效的课堂教学策略、教学方法设计等,在实践的检验中不断完善和成熟。可以说这是每个教师"专业化"道路上绕不开的门槛。各级各类名优教师既然能够在众多教师中脱颖而出,无疑是在专业化的道路上走在了前列,对于自觉不自觉地践行的教育思想、教育主张,更要善于思考、提炼和总结,并敢于"亮剑"。

从一名普通教师到骨干教师、卓越教师,再到教育家型教师的蜕变,是一个缓慢的过程,不可能一蹴而就,需要在教学实践、总结反思中逐步完成。某种意义上讲,这个过程就是从"教书匠"到"教育家"成功转型的"专业化"过程,需要在教学理论指导之下行之有效的教学实践和积累。我们宣传名优教师时,亮出他们的教育思想、教育风格,有助于广大青年教师认清和借鉴专业化的路径和方向,少走弯路;有助于我国到 2035 年培养造就数以百万计的骨干教师、数以十万计的卓越教师、数以万计的教育家型教师目标的实现。

中小学教师天天面对学生和家长,少了些神秘感。教书育人的效果具有滞后性,不像外科手术那样立竿见影。也正因如此,长期以来社会上包括我们教师自己对教师工作专业性的认知都是有欠缺的。"其他我不敢说,教书我还是可以说两句的。"坊间甚至政府部门抱有这种想法的人士并不少。通过众多名优教师专业化本色的"亮剑",有助于全社会理解教书不仅只有"技术",还有"科学"和"艺术",是一件很"专业的事情",有助于全社会对教师工作专业性和不可替代性的理解。

2019 年 10 月

学生、家长考评教师要慎行

日前,江西某市教育局印发新修订的《某市中小学教师师德考核办法》。考核内容主要包括《中小学教师职业道德规范》规定的爱国守法、爱岗敬业、关爱学生、教书育人、为人师表、终身学习六个方面以及"江西省教师师德负面清单"规定的内容。按照该办法,中小学教师将接受服务对象也就是学生、家长的无记名评议打分,其权重占50%。

到目前为止,教育主管部门除了在该考核办法中表明"小学一二年级、幼儿园教师不开展学生评议"之外,尚没有对学生、家长考评教师以及权重设置的目的与理由做出解释。笔者认为,适当让学生、家长参与教师考核,比如所占权重不影响教师的总体评价,或者在部门、学校教师内部正常考核之外附加一定分值的学生、家长考评内容作为参考,应该是可以的。毕竟,教师的综合素质与能力、工作态度与效果如何,作为学生、家长的感知是最直接的,而且对于发现学校教育和教师行为中存在的问题和苗头,改进学校工作,优化师生关系,落实"学生为本"的基本理念是有积极意义的。但是,假如学生、家长考评的权重过大,性质就变了,就回到"贫下中农管理学校"的老路上去了。那样子就很不恰当,其背后的逻辑关系是经不起推敲的。

没错,除了学生,家长也是学校教师的服务对象。但孩子不是父母的私财,

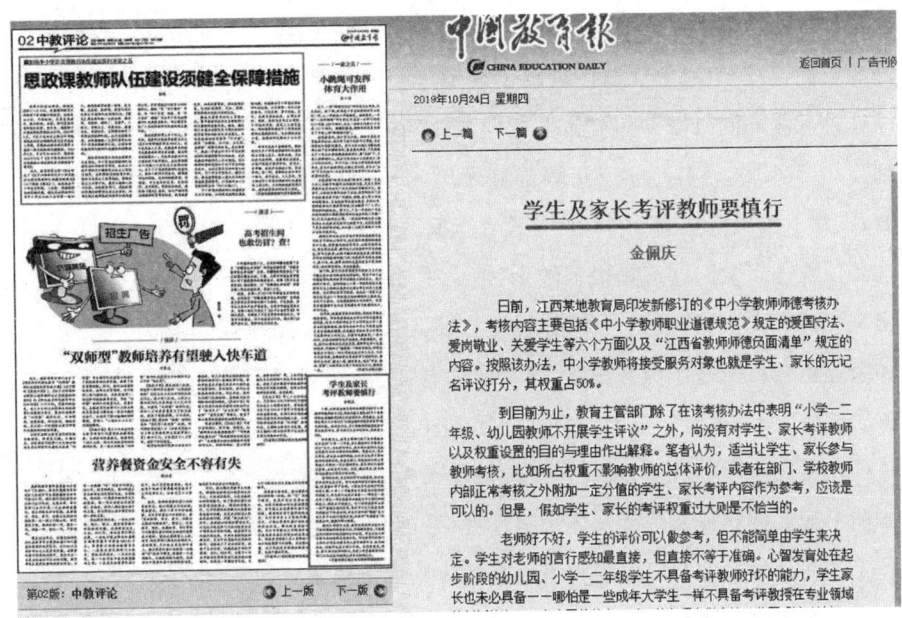

孩子同时也是社会的公民、国家未来的建设者和接班人。家长作为服务对象对教师进行考评，那么社会层面、国家层面是不是一样要参与考评？权重该多少？考评的代表又如何产生？

学生当然是学校老师的服务对象或者说客户，我们教师有责任努力去满足学生的需要，让学生满意。但不要忘了，学生既是学校教师的客户，同时又是老师的产品。学生来学校向老师学知识、学做人，因为他们还不懂。老师好不好，学生的评价可以做参考，但不能简单由学生来决定。学生对老师的言行感知最直接，但直接不等于准确，更不等于全面！心智发育处在起步阶段的幼儿园、小学一二年级学生不具备考评教师好坏的能力，学生家长也不具备——哪怕是成年大学生一样不具备考评教授在专业领域的创新能力、研究水平的能力。对于教师侵害学生等一些严重违法违纪现象学生可以或者在家长的配合下做出准确评判，学生对老师的"解惑"能力也大多可以评判，但教师对其"产品"怎样生产加工，特别是"传道授业"的能力、效果和质量如何，短期内无法测算，需要将"产品""投放"到社会，经过20年、30年乃至更长的时间才能表现出来。百年树人，说白了就是这个意思。

爱因斯坦曾经说过："什么是教育，当你把学校里受过的教育都忘记了，剩下的就是教育。"学生在校时,这种"教育"会"剩下"多少,自己很难知道。教师工作的专业性、教育效果的滞后性决定了教师考核同样是技术活,很难精准量化,只能通过专业的同行做到相对公平合理的评判,学生以及大部分家长恐怕很难做到。2013年底,一名小学三年级的高学历家长,因为做不出儿子的数学家庭作业,在网上发微博称遇到了"中国式变态家庭作业"。$ABCD \times 9 = DCBA$,$ABCD$这4位数是多少?这道题很多硕士、博士生用他们掌握的数学方法怎么也解不出来!但事实上,有很大一部分小学生却能通过逻辑推理可以很快"凑"出来。如果这道题目不是作为必做题,那么数学老师让小学生选做没有错,一点也不变态。想象一下,这对父子参与教师考评,这位"变态"数学老师会不会吃亏?

就性质来说,无记名投票是一种民主选举,用的是"德先生"。而教师考核在本质上或者说在很大程度上体现科学性、合理性,要用"赛先生"。显然,学生、家长考评教师的做法在民主与科学关系的应用上倒错了。

客观上讲,让学生、家长考评老师,且考评结果将事关教师的切身利益甚至是"饭碗",会不会让学生和家长感到为难?会不会大部分选择做"老好人"?另外,会不会导致一些教师刻意去迎合学生和家长?比方说对学生行为规范要求降低点、考试题目简单点、试卷评分标准降低点等等,学生高兴了,老师的考评分数自然就高了。这显然有悖于教书育人的理念和考核的初心。

学生、家长无记名考评教师的做法从权利与义务的关系上看也是不合理的。占压倒性权重的无记名打分,学生、家长的考核决定着教师的"生死",但同时却无需对其考评的合理性、真实性承担任何义务与责任。考评者权利与义务的不对等,被考评者的申诉权也就落空了。即便教育行政部门主动代行学生和家长的义务给教师的申诉、救济机会,对教师也是不公平的。因为教育行政部门同时兼任了"裁判员""运动员"两种角色。

学生、家长考评教师的做法实质上考量着教育行政部门以及社会对教师工作专业性的认知。

(本文系刊于《中国教育报》2019年10月24日第二版"中教评论"的文章原稿)

公职教师有偿"在线授课":且"让子弹飞"一会儿

对公职教师参与有偿的在线教育,日前某中学校长在媒体上公开发表《公职教师参与在线教学当有边界》一文持否定态度。针对当前在线教育平台鱼龙混杂、师资良莠不齐的现象,文章建议"及时修订相关规定,让有关在线培训平台和公职教师'无可乘之机,无擦边球可打'"。笔者认为,加强在线教育平台的监管很有必要,但"围堵"公职教师参与有偿在线教育的观点很值得商榷。

在线教育或称网络教育,虽然也存在有偿,但与有偿家教、有偿补课有根本性的差异。首先是师资不同,参与在线教育的公职教师大多是有"两把刷子"的教学能手,且思想活跃、视野开阔,平时精于钻研教学并注重与信息技术的整合;其次是目的不同,借助"互联网+教育"的模式与优势,公职教师在证明自己实力、扩大自己影响、实现人生价值方面有更多的预期;第三是受众不同,授受双方都具有不确定性,学生选课完全自愿,不会出现受控于老师的情况;第四是学习方式不同,何时、何地点播什么课完全自主,高效又便捷;第五是共享程度不同,可以将教育资源的共享推向极致。等等。

把有偿的在线授课与有偿家教、有偿补课之间的差异比作商场结账时用支付宝与付现金,实在是有失偏颇,显然这位校长对在线教育的优势与功能缺乏认知。支付宝当然可以在商场购物时替代现金结算,但关键优势在于你可以"宅"

在家中网购几万公里之外的店家商品，包括办理保险、信贷、跨国转账等各种业务，不用面对面去现场！

在线教育是一种"共享教育"，离不开足够丰富的共享资源。当前在线教育存在的问题，很重要的原因就在于市场需求裂变式暴增，而优质教育资源供给不足。当前我国优质师资主要集中于公立学校。所以解决的途径势必依靠更多的公职教师参与，而不是让他们辞去公职专职做在线教育。

那么，公职教师参与有偿的在线教育是否存在道德风险？常识告诉我们，教育的公益性并不否定教师获取合理的报酬。在线课程作为教师的智力成果，即便"有偿"使用也完全遵循公平自由、优胜劣汰的市场化原则。在大数据背景下，这种收益是有据可查的，理论上不具有线下补课的师德风险。公职教师参与有偿的在线教学需要付出额外的精力和时间，会影响学校教学吗？这种担忧也无多大必要。否则，让他们参与公益性质的各种在线授课，不一样有影响么？相信公立学校的骨干教师大多是有觉悟的，而且兴趣是最好的"老师"，参与在线教学，反而更容易激发他们钻研业务的热情，线上、线下教学同步提升。

本质上讲，在线教育获得的收益是一种劳动所得，它与教师转让发明专利获得收益、出版发行专著获得版税等，在性质上并无多大的区别。用法治思维考量，既然政策法规没有明令禁止，这种收益就是正当的、合法的。

再则，公职教师利用业余时间，合法增加收入改善生活，这到底是好事还是坏事？我们不能一方面在各种场合呼吁要提高教师待遇，另一方面又害怕甚至打压教师通过智力输出获得回报。在线教育应该有边界，但这个边界不在于公职教师的在线授课是公益还是有偿。

在线教育为什么会如此"野蛮生长"？因为它能极大提高教育资源的使用率，推进区域之间、学校之间的教育公平和均衡，使得教育不发达地区、薄弱学校更便捷、更高效地共享优质教育资源成为现实，推进教育质量、师资水平的提升。它颠覆了传统的学习方式，使得非正式学习、即时学习、个性化学习、终身学习真正成为可能。公职教师参与在线教育不仅可以加快在线教育品质的提升，通过他们的"鲶鱼效应"，还能激励、激发身边安于现状的同行。只要善加引导，在线教育可谓是多赢之举。

尽管在线教育呈现全球化的趋势，我国的用户也有1.44亿，但网络教育仍处于起步阶段。从慕课到在线点播，未来还会出现怎样的新形态也难以预料，但在线教育以其"共享"优势宣示了势不可当的发展前景，也对学校教育带来了挑战。习总书记在十九大报告中阐述"优先发展教育事业"时，特别提到了要办好"网络教育"，可谓高瞻远瞩、意义深远。作为校长、各级教育主管部门，完全没有必要把公职教师参与有偿的在线教育视为洪水猛兽。"牢骚太盛防肠断，风物长宜放眼量。"我们即便不能像卫生部门那样积极提倡医生"多点执业"，也不妨多一些包容，"让子弹飞"一会儿再说。

2017年10月29日

"官方带娃"还需做好后续保障

据媒体报道,为缓解义务教育阶段学生接送难等问题,自今年10月起,郑州将陆续在全市中小学推行早上推迟上课、中午统一配餐、下午放学免费延时托管等近乎"一站式"的服务,受到网民普遍认可。

地方教育行政部门争取有关部门支持,推出被网民称为"官方带娃"的举措,有助于消除"小饭桌"①和校外托管班带来的卫生、安全隐患,以及校外托管机构假托管之名变相高额培训的违规做法,主动帮家长解难题,值得点赞,非常暖心,不仅丰富了孩子们的业余生活,也让家长们切实体会到即使花钱也不一定买得来的安心。

"官方带娃"具有诸多积极意义,但如何可持续发展,让学校和家长都满意,也是需要思考的重点。实际上,任何教育行政部门在推行事关学校、家庭和孩子的举措之前,都应充分吸收各地探索的经验与教训,不能求快或只求舆论效果,

---

① 小饭桌专指为中小学生提供的一种饮食服务,经营者主要是学校、社区居委会(妇联)、居民家庭。在学校附近租赁房屋,每月收取定额费用,专门为6—12岁低龄中小学生或幼儿园学生提供午餐服务,一般还提供午休场所。由于路程远、中午休息时间短等原因,不少家庭,尤其是大中城市家庭的学龄儿童,其午餐由"小饭桌"提供,"小饭桌"给学龄儿童及其家庭带来了便利。然而,也存在卫生条件差、从业者素质参差不齐、营养不均衡以及无证经营等诸多隐患。

而应着眼于举措的持续发力。条件不成熟时，不妨延缓推进步伐。

教育不是一天两天的事。一项教育举措到底是"美好"还是"折腾"，一个很重要的尺度就是有没有可持续性。我们看到，由教育主管部门以行政命令方式推行的"官方带娃"，是让学校组织教师去完成的。因此，"官方带娃"确切地说是官方让"老师带娃"，这存在占用教师休息时间和加重教师负担的可能。我们提倡教师无私奉献没有错，但不宜让教师长期无偿付出。教师是从事教育教学的专业技术人员，尊重教师首先意味着尊重教师的劳动付出。教师工作的专业性决定了教育行政管理有别于一般性行政管理，而是具有很强的专业性。教育部门依法行政、按教育规律办事，就应坚守这些基本理念和认知。

此外，教育部为贯彻义务教育法，进一步规范义务教育办学行为，专门下发通知强调省级教育行政部门要"严格控制学生在校学习时间"。如何减少放学后校内托管与减轻师生负担、保障师生休息权之间的冲突，值得地方教育主管部门慎重考虑。

笔者认为，当务之急是落实"官方带娃"的经费保障问题。目前，全国许多省地市都在推行校内托管，凡是做得比较顺利的、效果比较好的，都是通过家长支持，并由地方财政兜底，妥善解决了经费保障问题。让老师义务参与"官方带娃"替家长分忧，作为一个时期的过渡方案或无不可，但最终要落实相应补贴，或适当配置相应的临时工编制，这样才能可持续发展。当然，也不能以实施"官方带娃"为理由，盲目倒逼政府和学校全部买单。

一言以蔽之，在事关孩子的教育问题上，学校、家庭和社会的各自功能与职责不可替代。对于学校而言，专心从事教育教学、提高教育质量，才是根本。

（原刊于《中国教育报》2019年10月30日第二版"中教评论"）

"三点半"课后服务的本质是"非义务性"

教育部办公厅2017年2月发布《关于做好中小学生课后服务工作的指导意见》近四年来,全国各地认真贯彻该"意见"精神,回应民生关切,开展"三点半"课后服务的实践,各地的做法可谓是五彩纷呈。笔者以为,要把这项有利于促进教育公平与社会稳定,增进人民群众的幸福感、获得感的民生工程办好,持久发展,需要找到逻辑起点,从哲学的高度作一点反思。

开展"三点半"课后服务,首先要明确课后服务的本质。课后服务是因学生放学早、家长下班晚的"时间差"而衍生的,同时也为了满足一些家长没有精力或没有能力辅导孩子家庭作业、指导课外阅读的诉求;从《行政管理学》角度分析,各级政府、教育部门出台相应的意见与措施开展"三点半"课后服务,不是自上而下的"行政强制行为",而是"行政指导行为",目的是激发参与各方的积极性,维护参与各方的合法权益,确保服务质量。"三点半"课后服务与学校教育相关联但不属于学校教育的职责范围,是学校课程计划实施之外的服务与管理,其本质为"非义务性"。学校开展"三点半"课后服务具有得天独厚的资源优势、师资优势、学情优势以及环境优势,可以说学校是开展"三点半"课后服务的天然承载主体。

"三点半"课后服务谁来办?认清了"三点半"课后服务的"非义务性"本质,

　　由谁来办的问题就很好处理。显然,开展"三点半"课后服务不属于各级政府的行政职能,政府不应当成为服务主体。当然,政府部门既不越位也不应缺位,必须加强指导与监管,包括结合当地的经济发展水平、服务的时间与要求核定服务收费的指导性价格,在有条件的情况下适当给予财政支持。按照自愿、有偿、公平的原则,在充分尊重家长意愿的前提下,学校、社会培训机构等具有课后服务条件与资质的主体都应当允许参与报名,供家长选择。当然各类参与服务的主体也可以开展相互合作,比如组织课后服务以学校为主,同时将一些个性化特长培训通过合理的程序外包给社会培训机构。

　　如何开展"三点半"课后服务?课后服务应当立足于大多数家长的基本诉求,同时充分保障学生包括参与老师的休息权,以集中组织学生完成当日课后作业、老师解惑答疑为主。在时间盈余的情况下,利用图书馆、阅览室、计算机教室、科技创新实验室、学校种植园等校内现有资源以及学校周边的烈士陵园、博物馆、名人故居、文化遗址等教育资源开展课外阅读、音体美劳等自主性、体验性和研究性的综合实践活动。不宜提倡面向全体托管学生开展各种需要特殊师资、昂贵设施设备等支撑,学习和训练难度过高的"高大上"培训与辅导,也不能因为学校具有开展"三点半"课后服务的客观优势,强迫老师参与甚至当做一项义务。

"三点半"课后服务如何管理？认真贯彻落实教育部办公厅2017年2月发布的《关于做好中小学生课后服务工作的指导意见》,充分发挥中小学校课后服务主渠道作用,坚持学生家长自愿原则,科学合理确定课后服务内容形式,切实保障课后服务学生安全。同时各地教育行政部门要加强对课后服务工作的领导,统筹规划区域内各类资源和需求,调动各方面积极性,形成合力。地方党委、政府要立足长远,适当给予专项资金支持,完善经费保障机制,对特殊困难家庭减免相应的费用。要注重发挥参与课后服务的学校、单位和教师的工作积极性,提高服务质量与水平,特别要关心、尊重参与课后服务的教师。除了给予教师适当的补助,还要妥善解决好教师自己子女的接送、家里老人照顾等后顾之忧。要鼓励中小学创新工作机制和方法,积极探索形成各具特色的课后服务工作模式。

(本文系发表于《浙江教育报》2021年3月31日的文章原稿)

"十不得"规范办学行为贵在较真

近日,合肥市教育局下发《关于公布合肥市中小学办学行为"十不得"的通知》,"十不得"行为涉及公布考试成绩和排名、以考试成绩为依据分班和排座位、占用体艺等课程、超规超量布置作业、不尊重家长以及让家长批改作业等方面。该通知规定,对于违反"十不得"行为的学校、校长、教师等将分别依法依规给予相应处理。

在笔者看来,这"十条红线"涵盖了当前社会反响较大的各种违背教育常识与师德规范的行为等方面问题,比较具体全面地给中小学校以及教职人员开列了一份具有可操作性的"负面清单",当然也围绕中小学生课业负担过重的顽疾重点施策,切实为学生包括家长减负减压,其做法也很值得肯定。

中小学生减负可以说是一个老大难问题,与办学行为不规范也有着密切的联系。既然减负是个老大难问题,显然不可能下个文件、提几条措施就能立马奏效,而是需要审时度势、精准施策,建立长效机制,敢于较真、狠抓落实,保证制度能够正常运行并始终发挥预期的、应有的功能。

中小学校要充分认清过重课业负担对学生身心健康造成的危害性及减负的必要性,增强实施"十不得",规范办学行为的自觉性。防止和避免只表态不落实,或者单纯以会议贯彻会议、以文件落实文件等形式主义、官僚主义作风。教

育行政部门出台减负措施不是为了单纯回应一下社会的呼声或上级的要求，更不是为了获得上级领导的点赞，而是要从不忘教育初心、对党和人民负责的高度，对每一个学生和家庭负责的态度，自觉按教育规律办事。

抓落实，要在政策措施的完善与可操作性上较真。教育行政部门要坚持程序优先、公开透明的原则，细化、量化各项规定，增强政策制度的可操作性。对于违反相关规定的行为，分别属于哪一量级、将适用怎样的惩戒与处罚，一目了然，不要模棱两可、似是而非。政策规定在实施过程中，针对新问题新情况应及时加以微调，堵住制度执行过程中发现的漏洞。要摆出"减负永远在路上"姿态，做好与各种违反"十不得"的行为长期斗争的准备。

抓落实，要在寻求落实制度规定的动力源上较真。只有关乎切身利益的组织、团体与个人才会积极推动并持久不懈地去推动相关制度的实施。"十不得"反映的是谁的要求和呼声，谁受益？显然是学生和家长。所以，要立足于学生立场，建立畅通、安全、有效的方便中小学生、家长投诉与反映问题的渠道，包括举报电话、电子邮箱等。

抓落实,要在依法依规处理违规行为上较真。对违反"十不得"、教学行为不规范的种种行为不仅要严查严督,还要在"秋后算账"过程中排除干扰,不能亲疏有别或将惩戒的利剑高高举起,轻轻落下。要发挥好党组织的战斗堡垒作用,党员教师要站立于执行"十不得"的最前头,违反"十不得"的要从严查处。

我们注意到,合肥市教育局就实施"十不得"规定了五年的"有效期",基本处在地方教育部门主要领导的任期之内。有主要领导的一抓到底,通过五年时间的一以贯之,我们有理由相信这一举措会有较为满意的效果。我们也欣喜地看到,该市教育部门已经就落实和推行"十不得"做出了官方的"权威解释"。我们期待这次出台的"十不得"规定经过五年时间的"较真"实施,将会在规范该市办学行为、保护中小学生身心健康方面起到看得见的效果,让学生与家长感受到按教育规律办事所带来的真切获得感。

(原刊于《中国教育报》2020年10月30日第二版"中教评论")

保障学生睡眠离不开家校合力

日前,浙江省某区教育局就保障中小学生睡眠时间、规范办学行为等问题发布通知,要求校长集中精力,加强对学校教学管理的领导,重视教师的教学过程,关心学生的学习、生活、心理状态。为保证学生有足够的睡眠时间,该通知再次明确规定:城区(街道)学校的初一、二年级学生到校时间不得早于7:45,初三学生不得早于7:30;离校时间不得晚于17:00。城区(街道)学校的小学生到校时间不得早于8:15,其中一、二年级小学生还可以延迟到8:30。

其实,规定学生上学、放学时间,保证学生有足够的睡眠时间的背后,是多少年来"道不尽、诉不完"的中小学生课业负担过重问题。早在2010年8月,浙江省教育厅就发布了《关于切实减轻义务教育阶段中小学生过重课业负担的通知》,强调要严格确保学生的休息和锻炼时间;2018年2月该省教育厅又下发《关于在小学施行早上推迟上学工作的指导意见》,要求各地教育部门贯彻执行。那么,鄞州区教育局这一通知发布以后能不能切实落地,其效果将会如何?从媒体记者的随机采访和报道情况看,初步的反馈似乎并不令人满意,家长普遍反映初中生和小学高年级学生的实际到校时间比《通知》的规定时间提早了一些。对此,该区教育部门领导也坦言,《通知》执行起来确实有难度,之前他们在检查中也发现有的学校并没有执行规定。在笔者看来,出现这样的局面既是"意料之

外"，也在"情理之中"。

保障中小学生足够的睡眠时间、规范办学行为的目的和重要意义，理解起来并不困难，地方教育行政部门与中小学校长之间照理应该政令畅通、步调一致才是，怎么《通知》执行起来会有难度呢？但话又说回来，学生课业负担过重、睡眠时间不足的问题由来已久，是一个学校、家庭、社会共同关注的社会问题。教育行政部门积极有为的决心固然很好，但单凭一纸通知就想解决中小学生课业负担问题显然不太可能。而且统一限定具体的上学、放学时间或许并不适合区域内所有的学校、所有的家庭，也可能有的校长觉得解决问题的方法并不仅仅限于《通知》所列的范围。按照《义务教育学校管理标准》提出的"依法办学、科学治理"等基本理念，学校要"科学合理安排学校作息时间，确保学生课间和必要的课后自由活动时间，整体规划并控制各学科课后作业量。家校配合保证每天小学生 10 小时、初中生 9 小时睡眠时间"。"增进学生身心健康"原本就是学校的管理内容之一，是校长的职责所在。

因此，教育管理部门要着眼于宏观管理，明确教育行政与办学行为的边界，避免区域教育管理、办学行为的行政化趋向。比如要加强校长队伍的培养、选拔、任用、管理和监督,按照立德树人的根本任务建立科学的学校评价机制等等。对于功利化办学、不惜以损伤学生的身心健康为代价换取好的考试成绩的校长,该处分的处分,该免职的免职。在牢牢把握国家的教育方针、坚持正确办学方向的前提下,应尽量减少对学校具体事务的直接干预,充分发挥学校的办学积极性、主动性、创造性,为校长依法办学、按教育规律办学提供有效支持。

(原刊于《中国教育报》2021年1月7日第二版"中教评论")

解决小学生熬夜做题需宏观思维

日前,澎湃网刊载了一则有图有真相的消息:眼看读小学的女儿还在熬夜做题,家长忍不住在微信群里对老师抱怨,引来半夜未睡的家长纷纷跟着吐槽;没想到这名"挑事儿"的家长立刻就被老师踢出群了。这一戏剧性的经过在网上披露后,引发网民热议,不少网友对这个家长的"壮举"表示同情和支持。

不否认"挑事儿"的家长在言语上有些过激,但家长终究是学校教育的合作伙伴。群主老师直接将这名家长踢出群后还冷冷放言:"这家长已经被请出去了,还有哪个想出去的?"如此做法有失教师的风度。毕竟从家长反映的情况看,家庭作业太多问题属实。

如何解决小学生熬夜做题的现象?窃以为老师和学校负有直接责任,教育行政部门乃至各级党委政府也应高度重视、主动有为。各方通力合作、综合施策方能奏效。

古人云:"一张一弛,文武之道也。"北师大的一项大数据监测结果显示,减少睡眠时间、增加学生作业等并不能自然地带来学生成绩的提高,反而会影响学生的健康发展。让小学生熬夜刷题,搞题海战术,无论哪个方面去说都是弊大于利。况且,在保障学生睡眠时间的前提下,适量布置家庭作业应该是做老师起码的职业素养,体现了教师的职业担当。如何做到"适量"?须知任课老师自己只

布置一科家庭作业，但小学生的作业总量却会是语数英等几科。另外，布置给学生的作业无特殊情况必须全批全改，部分批改或让学生自己对答案不仅发现不了作业中的问题、影响作业的效用，也易导致家庭作业的无度和失控。班主任和学校层面更要强化家庭作业的管控，通盘考虑作业的总量与各科的均衡。

教育行政部门要强化"专业化管理者"的定位，提升专业化管理水平，保持自身的专业定力和坚守。各级教育主管部门要自觉纠正以分数和升学率论英雄的考核与奖励导向，在源头上消除由此所引发的应试教育压力层层向下传递并放大。三年前，笔者曾到某省一个较为偏远地区的小学考察，发现该地区教育行政部门为了改变本地区在全省义务教育水平排名靠后的局面，每学年都要对下属各县市小学组织统考并排出每所学校的名次，对统考成绩优胜学校颁发不同等次的"某某市小学教学质量管理效益奖"。为此，几乎所有的小学都心照不宣地从午休时间挤出一小时、下午延迟一小时放学用于补课，音乐与美术课基本取消。听说近年该地区还因为基础教育质量的提升受到省教育厅的表扬。在这样的情形下，将小学生熬夜做题、睡眠不足的板子全打在老师身上恐怕就不公平。教育部门应当严格落实依法治教，坚持素质教育、德智体美劳全面发展的方针，加快教育评价制度改革,将学生的近视率、睡眠时间情况等纳入考核评价体系并增加权重,改变考试分数一头独大的评价模式。

近几年,各级地方党委政府树立优先发展教育理念,越来越重视、关心和贴近教育,这本是地方教育发展之大幸。不过,与此同时,党委、政府也要明确教育工作的复杂性和专业性,尊重和支持下属教育职能部门按教育规律办事,不随意直接插手教育政策制定、提多少升学率等具体教育指标,防止教育管理过度行政化,鼓励教育行政部门大胆放手按规律抓教育。

怜子如何不丈夫。借此也要提醒年轻的家长尤其是高学历父母,发现孩子作业做得很晚或自己也辅导不了等情况时,应当学会主动与老师友善地沟通,增进相互理解与合作,毕竟教育工作具有专业性,家长不一定都懂。诸如将"这是我第一次遭遇这种传说中的中国式变态家庭作业"之类的牢骚上传到网上就很不可取。研究生爸爸用成人复杂化思维做不出的数学题,小学生用稚化的思维方式反而能做出来、凑出来。家长动辄去"怼"老师,容易将自己的负面情绪传递给孩子,不利于孩子学习兴趣的培养和人格的健康发育。

(本文系刊于《中国教育报》2018年9月26日第二版"中教评论"的文章原稿)

打好中学生睡眠保卫战

日前,媒体披露了山东省教育厅联合北师大中国基础教育质量监测协同创新中心开展的一项大数据监测结果。数据显示,每天睡眠时间在8—9个小时区间的高中学生学业成绩最好。数据证明,减少睡眠时间、增加学生作业等并不能自然地带来学生成绩的提高,反而会影响学生的健康发展。

中国学生睡眠不足问题是当前基础教育领域亟须破解的一个难题。尽管教育部门对此又是严格限制中小学生在校时间[1],又是明确规定小学生、初中生和高中生的睡眠时间应分别不低于10个小时、9个小时和8个小时[2];为了保证政策规定的落地,教育部门还通过平时的检查、督导、考核等手段加强监管,但结果仍不尽人意。

---

[1] 教育部《关于在小学减轻学生过重负担的紧急通知》(教基〔2000〕1号)规定:"学校要严格按照规定的课程计划,依据儿童学习和生活规律均衡安排每周课程和作息时间,下午可以活动和做作业为主。不得增加周活动总量,更不得增加学科教学的学时。不得占用节假日、双休日和寒暑假组织学生上课,更不得收费上课、有偿补课。""要提倡布置活动性、实践性的小学生的家庭作业。小学一、二年级不留书面家庭作业,其他年级书面家庭作业控制在一小时以内。严禁用增加作业量的方式惩罚学生。"
[2] 中共中央国务院《关于加强青少年体育增强青少年体质的意见》(〔2007〕号)规定:"确保青少年休息睡眠时间,加强对卫生、保健、营养等方面的指导和保障。制定并落实科学规范的学生作息制度,保证小学生每天睡眠10小时,初中学生9小时,高中学生8小时。"

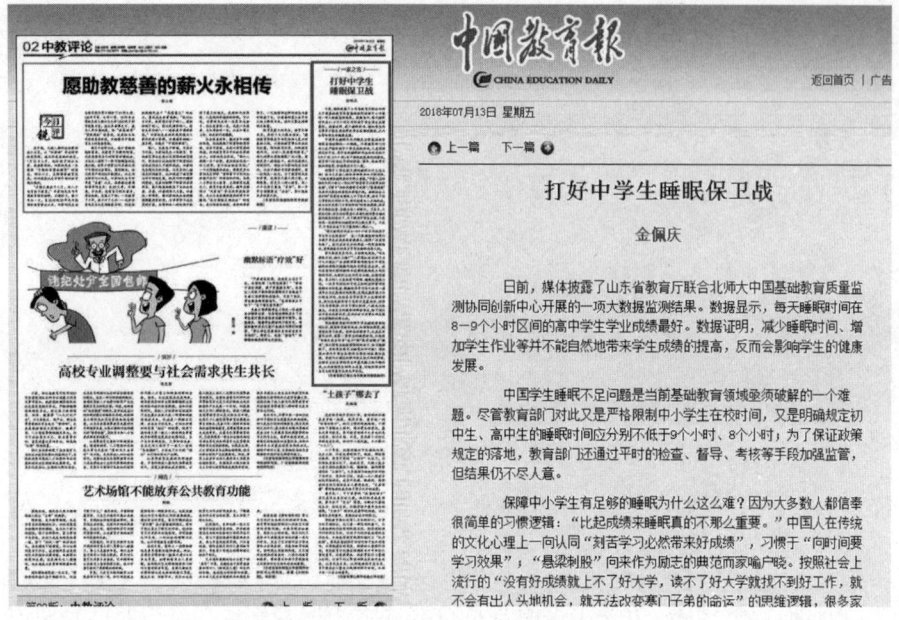

　　保障中小学生有足够的睡眠为什么这么难？因为大多数人信奉很简单的习惯逻辑："比起成绩来睡眠真的不那么重要。"中国人在传统的文化心理上一向认同"刻苦学习必然带来好成绩"，习惯于"向时间要学习效果"，"悬梁刺股"向来作为励志的典范而家喻户晓。按照社会上流行的"没有好成绩就上不了好大学，读不了好大学就找不到好工作，就不会有出人头地机会，就无法改变寒门子弟的命运"的思维逻辑，很多家长都把成绩、分数当成了命根子。于是乎，大家在吃饭、体艺活动等差不多都已经同等压缩到最低限度的情况下，为了提高中学生成绩，只有到唯一还有弹性的睡觉时间上做文章了。于是乎，中学生就成了天下最困的人群之一。

　　"每天睡眠时间在8—9个小时区间的高中学生学业成绩最好"这一大数据监测结果对全国中学生应该具有普遍意义，值得广泛宣传和推广。我们应当充分利用这一科学监测结论，重振旗鼓打好保卫中学生睡眠的持久战。

　　家长要有更多作为，主动转变观念。"作业都做不好，睡什么睡！""人家能扛，我的孩子为什么不能扛？"这些根深蒂固的观念让中学生睡眠的保障问题操作起来变得容易走样。我们在宣传足够的睡眠与成绩的提高是正向关联的同时,也要防止过分突出分数、成绩的重要。真正的人才是具有可持续、健康发展能力的。一位多年担任初中班主任的老师曾深有感触地告诉笔者,根据他多年对自己班里一届届毕业生发展情况的观察,发现发展有潜力且比较成功的,往往是当年班里中上成绩的学生,他们在校期间学习虽然不是最用功,但学习生活有规律、行为习惯比较好,人格也比较健全。而班里名列前茅的那些学生,除了埋头读书考试成绩优异,走向社会以后事业的发展并没有预料的那么好。

学校要提高教师保障中学生睡眠重要性的认识,提高课堂教学效益,加强学法研究,提高学生学习效率。老师在安排学习,尤其是布置作业时,要算一算学生的睡觉时间,不能将"学海无涯苦作舟"这个"海"简单理解为"题海",恨不得学生把能够得到的卷子、练习题都做了。如此,学生想早点睡觉如何可能?学校要加强对中学生各科作业情况的统筹和监控。学校可以通过加强对班主任工作的管理,发挥班主任在学科作业布置问题上的平衡作用,从而控制学生的作业总量,消除任课老师各自为战布置作业的无序状态。

(原刊于《中国教育报》2018年7月13日第二版"中教评论")

强化评价导向,推动劳动教育落地生根

劳动评价将成为天津学生升学录取的重要参考和依据。日前,天津出台关于全面加强新时代大中小学劳动教育的若干措施,把劳动素养纳入学生综合素质评价体系。据了解,天津将建立劳动教育信息化评价系统,运用大数据、云平台、物联网等现代信息技术手段,全面客观记录学生课内外劳动过程和结果,开展劳动教育过程监测与纪实评价,建立公示、审核制度。充分发挥评价的育人导向和反馈改进功能,将劳动素养评价结果作为衡量学生全面发展情况的重要内容,作为评优评先的重要参考和毕业依据,作为高一级学校录取的重要参考或依据。

这是继上海、云南、湖北、河北等省市之后,又一个省级地方党委政府发布贯彻落实《中共中央国务院关于全面加强新时代大中小学劳动教育的意见》的地方性政策文件。笔者认为,建立完善劳动教育评价制度,将劳动评价纳入升学录取的重要参考和依据,是全面贯彻落实党和国家的教育方针的有力举措,也是对教育初心和教育原点的一次回归,将有力推动劳动教育落地生根。

2020年一项23万多人次的调查结果表明,超过90%的人认为"劳动教育很有必要",96.6%的家长对每天安排30分钟体力劳动表示支持。但到底有多少人真正愿意让孩子原本可以用来学习的时间去劳动?有些家长明确表示"加强

一 管理篇

劳动教育,既花钱又浪费时间"。真正引导学校、家庭舍得花时间开展劳动教育,还需要充分发挥评价的育人导向和反馈改进功能,特别是要把劳动素养评价结果与学生升学录取相挂钩,变学校、家长为了学生升学而占用劳动教育时间为,为了保证孩子的升学去保障劳动教育时间的局面。

在发挥评价导向功能的同时,要加大力度宣传,挖掘劳动教育对包括促进文化知识学习在内的意义和价值,澄清对劳动教育不科学的认知,激发学校、家长和孩子热爱劳动的内部动机,促进中小学生由被动劳动向自觉劳动转变。一般认为,劳动教育与考试关系较弱,导致在应试、升学的考验面前,学校劳动教育逐渐被边缘化。事实上,适当的劳动教育反而有利于促进文化知识的学习和技能的掌握。炒一盘好菜的秘诀与准确审题解题的道理应该是相通的,许多劳动体验中形成的经验完全可以迁移到文化课的学习中。学会求知、学会做事、学会共处以及学会生存,是世界公认的教育的四大支柱,劳动素养、生存发展需要的基本劳动能力则是这四大支柱的基础与主干。

一旦把劳动素养评价结果与学生升学录取相挂钩,势必引发学校、家长和社会对相关政策制度是否公平公正等问题的关注。因此,我们要严格界定劳动教育的基本内涵，避免劳动教育被泛化。明确劳动教育以体力劳动为主，实施劳动教育重点是在系统的文化知识学习之外，有目的、有计划地组织学生参加日常生活劳动、生产劳动和服务性劳动。同时我们既要坚定方向又要循序渐进、及时反馈和总结经验，坚持依法治教、依法治校的理念，力求做到教育评价手段与机制的客观公正，以程序优先和程序公正保障和推进事实公正。

（原刊于《中国教育报》2021年元月20日第二版"中教评论"）

对浙江教育改革的三点建议

尊敬的浙江省教育厅领导：

"浙江是吃改革饭的。"以下是一个有着 30 多年教龄、教育情怀与日俱增的老教育工作者对当前我省教育改革与发展的三点思考和呼吁，敬请教育厅领导参考。

一、构建县级教育局长任免的协商机制

目的：

用"专业化思维"进一步规范县级教育局长的任免，推进地方教育行政管理专业化建设，稳定和提升县级教育行政"一把手"队伍，增强县级教育行政部门按教育规律办事的能力与效能，保障地方教育改革政策的延续性、科学性，充分发挥县级教育局长的"压舱石"作用，为教育"一把手"减负、为县域基础教育"强根固本"。

策略：

争取省委等有关部门支持，改革和完善县级教育局长任免机制，省教育厅能提前介入县级教育局长的选、任、提、免；出台县级教育局长的"任免协商制度"、"上岗证制度"等实施细则，并开展"县级教育局长专业化培训课程"的研究与开发。

理由：

县级教育行政一把手是县域基础教育改革与发展的掌舵人；教育的复杂性、系统性、规律性、规范性对教育行政管理的专业化要求越来越高；基础教育的滞后效应，使得教育局长在短期内（比如两三年）很难有大的作为，需要五六年甚至更长的时间沉下心来做教育，消除功利与急躁心理，基础教育才能稳健发展。与此同时，社会各界特别是地方党政部门对教育行政专业化的认识还有待进一步提高，往往只看到教育是重大民生的现实一面，期待教育部门立竿见影出成效，打乱教育的节奏，导致行政逻辑与教育（专业）逻辑发生冲突，急躁、功利思绪内外夹击教育，教育减负愈减愈重。

二、中学率先开设逻辑必修课并列入高考

目的：

提升青年一代的是非判断力、思维穿透力、新知发现力，改善学生思维品质，打造"最讲理的浙江""法治浙江"。

策略：

在高一阶段开设"普通逻辑"地方课程，适时以适当方式将其列为高考必修科目。

理由：

我国青少年缺乏同一律、矛盾律、排中律以及概念、判断、推理等形式逻辑常识，逻辑思维能力缺乏已经到了极其严重的地步。逻辑思维是科技创新的重要基础，也事关和谐社会建设；逻辑思维能力缺乏，导致社会上极端思维、"井蛙"思维、语言暴力等"歪理"横行，也严重影响社会和谐与科技创新。

三、建议将2020年定为各级教育行政机关"专业化建设年"

目的：

提高机关工作的专业化水平，推动机关作风建设。

策略：

组织开展机关干部读书活动。了解教育史特别是近现代教育发展历史,研究国家教育政策法规、研究国内外教育新理论,研究教育规律,更新教育观念。

理由:

职业未必专业,打铁还需自身硬。专业化是一个过程,而不是一劳永逸的。作为教育行政管理部门,矢志教育强国,提升专业化水平就是忠诚于党的教育事业、忠诚于党的最深情表白与体现,是党性的最集中表现。

以上三点建议供参考。此致

敬礼!

义乌市教育研修院普通教师金佩庆上
2020 年 1 月 13 日

[注]2020 年春参加浙江省教育厅"新闻媒体记者及网友代表座谈会"并作为网友代表发言。本文是在发言提纲基础上的整理和扩充。

浙江省教育厅

新闻媒体记者及网友代表座谈会
邀请函

金佩庆:

您好!

省教育厅定于 2020 年 1 月 8 日(星期三),在省教育厅 18 楼会议室(杭州市下城区文晖路 321 号)召开新闻媒体记者及网友代表座谈会,会期半天。会议主题为征求 2020 年及今后一个时期我省教育工作思路以及对省教育厅作风建设的意见建议。

诚邀您参加会议,谢谢!

浙江省教育厅办公室

2020 年 1 月 7 日

论教育之精神

要把一个行业做得更优秀,需要有本行业信奉的价值取向、共同的思想宣言。优秀的、符合自己行业特征的精神文化,可以对行业成员产生价值导向、行为导向的激励功能,可以约束行业成员的行为、提高自身"免疫力",增强行业凝聚力,把每个成员的主动性、积极性和创造性充分激发出来。

一个地方的教育精神应该是这个地方教师队伍精神风貌的集中体现,是这个地方教师队伍在思想境界、人格操守方面的共同向往和追求。凝练一个地方教育的教育精神,需要兼具体现教育行业之根本特性与地方文化之个性。一个地方教育精神的表述语应当符合三条:一是有教育行业之特点,其价值取向、文化内涵是行业发展所不可或缺的;二是有现实意义,也就是说当前以及很长一个时期,结合当地实际迫切需要做到却还没有做到的、有待于进一步践行并长期努力坚守的;三是尽可能具有地域文化元素,能够承载并丰富当地文化。

针对我国基础教育的现状,撇开地域文化元素,窃以为我们的教育行业特别不能没有这八个字:"尚学尚疑,向上向善。"

有人或许会说,好像很俗、很土啊?不妨先听我解读。

字面解释。尚者,崇尚也、倡导也;学者,学习,可以理解为广义的学习,但犹指读书也;疑者,怀疑、质疑也;向者,方向、趋向也;上者,与"下"相对也;善者,善良、慈善,心怀仁爱也。

尚　　学

"师者,所以传道授业解惑也。"教书育人是老师的天职,老师俗称"教书先生",是教别人(学生)读书的人——教别人读书自己怎能不读书?为师者不读书学习、光吃老本,用"一张旧船票"登上"新客船",穿旧鞋走新路,焉有不误人子弟者也?当然,我们做老师不能只读教科书、教参、教辅,还要读专业书、读文史哲等各类学科教学之外的名著,甚至杂书、闲书。

教育行业在社会各类行业中应当是最崇尚读书、最具浓厚读书氛围的。每个老师都能以读书为乐,每天坚持读一点,把读书作为教师生活的一部分。哪天没有读书看报,作为老师心里就要有一点愧疚。

但事实上,现在不少老师,甚至大学刚毕业分配到学校的新教师都不读书,都不知多久没有捧起一本书来静静地阅读过了。教别人读书,自己却不读书,这样的老师还不少。

自问一句:我算是个读书人么?

我还真不敢理直气壮地说:我是个读书人。因为很多时候一天也读不了几页书,读的速度越来越慢。晚饭后进书房,一翻开书,瞌睡虫就爬上脑门。假如有人说:你这也算读书人?伪装罢了!我会立马承认:是的,我只是"假装的读书人",但并不因此感到脸红。

我的信条:既然做老师,这辈子哪怕装也要装成一个读书人。

做老师的我们,往往很关注"教"。做老师都明白:不会教,教不好课,专业尊严就无从谈起。但对于读不读书,往往就放自己一马了。

"现在教书那么忙,哪有功夫读书!"一句话为自己找到了不读书的绝佳理由。实话告诉你吧,这是个伪命题。你很忙,比局长甚至国家领导人都忙?可人家也在读书;你教书很忙、课务很重,那么一天读一页行不行?一天读15分钟行不行?

"没空读书"是个伪命题,"有很多书来不及读"才是真命题。

其实,某种意义上说,老师的"学"比"教"还重要。崇尚学习,崇尚读书,以学促教，方能常教常新。

尚　疑

　　老师被称作人类灵魂的工程师。灵魂工程师首先自己不能没有灵魂，不能让自己的脑袋成为别人思想的跑马场；首先自己要擅长思考、崇尚质疑，懂得独立思考的价值。然后，以自己的质疑精神去培养学生大胆质疑的素养和品性，不要将一个个学生教成只会死读书、读死书，只会鹦鹉学舌、人云亦云的废物。

　　尚疑，体现了对真理的向往、对科学的信仰、对规律的探求。质疑能力何其宝贵！质疑是好奇心的外现，珍贵的好奇心原本是人与生俱来的，却被我们老师机械的教育方式扼杀了，被应试教育扼杀了。崇尚质疑不是乱疑，不是要我们的老师和学生成为"你说什么我就反对什么"的"杠精"，不是要鼓励学生去钻死胡同，去否定一切。崇尚质疑必须遵循思维逻辑，明确概念的定义及其内涵与外延，运用判断与推理等法则，让真理越辩越明。通过质疑发现真理并服从真理，在真理面前人人平等，推动社会文明进步，推动科技创新。

　　如果你不会质疑，请先尚学。读书多了，视野开阔了，各种前人的智慧、他人的思想碰撞多了，自然容易对以前视为亘古不变、千真万确的事实产生疑惑，进而提出质疑；敢质疑方能有创新，方能突破常规与固有模式。不敢大胆质疑，只会顺从、盲从，还谈什么科技创新？没有质疑精神、不会独立思考的人如果也谈创新，那就不是真创新，只能是胡来、瞎折腾，是"无知无畏"。

　　学问学问，要学要问。不善于提问、不善于质疑，何谈科学精神？一个没有创新精神、科学精神的民族，还有什么未来？

　　崇尚质疑，还是鼓励盲从，这是个问题。

向　上

　　"师哉！师哉！桐子之命也。"学生时代，孩子主要的时间在学校里度过，老师与学生相处时间长，其言行举止对学生的人格塑造影响巨大。班主任的兴趣爱好、处事风格、人格素养等给班里学生的影响尤其深远,可以说一个班的班风就是班主任风格的显现。好老师不会暮气沉沉、悲观失望,而是心胸豁达、健康向上、勇敢面对生活的艰难险阻;好老师热爱生活、热爱教育、热爱学生,一见到学生、一进入课堂,喜悦心就会油然升起,整个人就会精神振奋、激情焕发;好老师思想解放、视野开阔、一身正气,能够敏锐感知社会的脉搏与进步的潮流,敢于追求世界上一切美好的东西并为这个世界更加美好尽自己的力量。

言教不如身教。优秀的老师通过自己的言传身教,用满满的正能量为学生勃发的生命注入最好的滋养。校园生活应该是人生旅途中一道最美的风景,而老师则应该是流动的景点,而不该是煞风景的人。

向　善

与其他职业相比,做老师很幸福的一点是整天与纯真烂漫的孩子在一起,看着他们一天天懂事、一天天成长。老师敬业负责,热爱学生当然很重要!但事实上很多老师自以为非常爱学生,但学生却感受不到或拒绝接受!君不见,为了抓成绩,因为老师步步紧逼的"爱",学生纵身从教学楼的楼顶上跳下去——这样的极端事例,媒体上不是也披露过么?

"做老师一定要让学生发现你的善良。"

善良是人性中最闪光的东西。心地善良,意味着凡事懂得换位思考,在人际交往中懂得自他互换。好的老师能够站在他人特别是学生的立场去思考问题,读懂对方的真实想法,能够打破师生关系的隔膜,不仅爱学生,更懂得以怎样的方式去爱。这样的老师擅长倾听,能够真正读懂孩子,明白孩子的内心需要;这样的老师不会动辄"我这是为你好",不会以爱的名义去伤害孩子。再说一遍:让学生能够发现你的善良,不是你自己以为很善良、很爱学生。

很大程度上讲,好的教育就是有好的师生关系。好的老师一定有好的脾气、好的心态,磁铁般吸引和带领孩子们向上、向善!

2019 年 11 月初稿,2021 年 4 月改

学科核心素养落地的依托

——浙江义乌高中教研员热议普通高中新课程标准

教育部《普通高中课程方案和语文等学科课程标准(2017年版)》(以下简称新课标)公布后,浙江省义乌市教育研修院教研部相关负责人及时组织本部门高中教研员进行学习,并进行了线上线下相结合的话题研讨。大家踊跃发言,各抒己见,以下是相关观点摘要。

新课标更关注育人价值

王康(义乌市教育研修院副院长兼教研部主任):新课标最大的亮点是新增学科核心素养和学业质量要求两个部分,其内容更为全面,结构更加完整,更重要的是注重引导学科教学更加关注育人价值。新课标提炼了每一学科的核心素养,揭示了核心素养与学科之间的有机联系;围绕学科核心素养的落实,精选、重组教学内容,设计教学活动,并提出考试评价的建议。这种变革将切实促进学科教学更加关注学生的学科思维方式、情感态度等方面,把立德树人根本任务落到实处。新增"学业质量"部分,以新的质量观为标杆研制学业质量标准,把学业质量划分为不同水平,既有利于因材施教,又有利于考试评价的科学化和人性化。

一　管理篇　　079

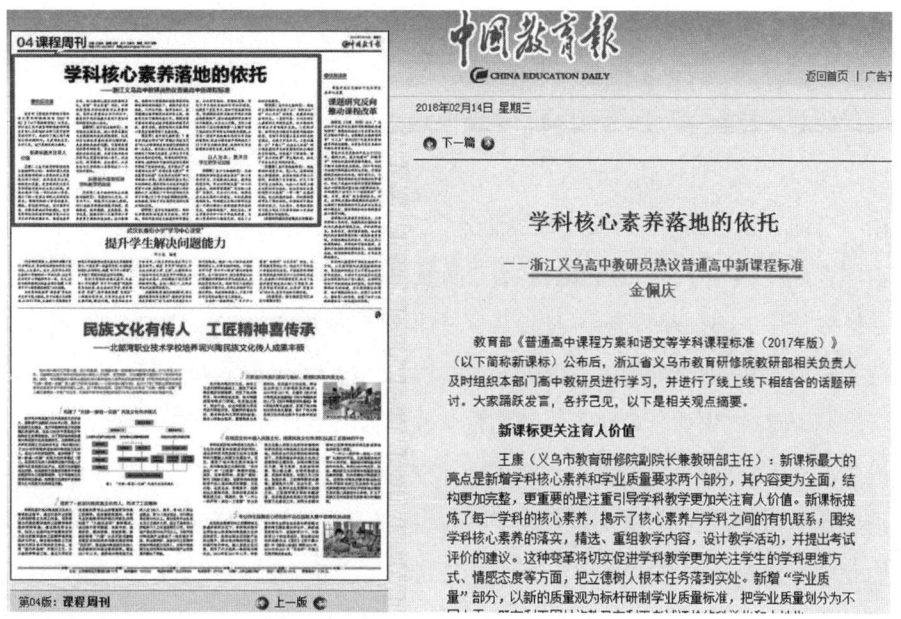

金勤娟（高中政治教研员）：就思想政治课来说，核心素养是整合与呈现课程内容的逻辑框架，也是划分与描述质量标准的关键依据，更是课程实施的引擎。它着眼其固有的跨学科特质，寻求相关学科原理和方法的支撑，并首次把四级划分的学业质量标准纳入其中。政治认同、科学精神、法治意识、公共参与四大学科核心素养构成了一个有机的整体。

从哪些方面能促进学科教学的改进

万成荣（教研部副主任兼高中数学教研员）：新课标以人为本，以学为中心，将数学文化融入课程。2017版数学新课标将数学抽象、逻辑推理、数学建模、直观想象、数学运算、数据分析六大数学核心素养贯穿于课程标准始终；在必修课程、选择性必修课程和选修课程的选择性课程结构框架下，课程内容突出函数、几何与代数、概率与统计、数学建模与数学探究活动四条主线，融数学文化于课程内容之中。课程方案中整体性理念在数学新课标的教育内容、教育功能、框架结构以及数学核心素养方面都得到了显著呈现。

吴云芳（高中语文教研员）："整本书阅读与研讨"和"跨媒介阅读与交流"列入必修课程是新版语文课程标准的一大亮点。语文核心素养具体化，同时强化了传统文化教育，让学生学习更具方向感和空间感。新课标的时代性、多样性、选择性和可操作性在语文课标中得到了具体的体现，其中提出了"语言建构与运用""思维发展与提升""审美鉴赏与创造""文化传承与创新"四大学科核心素养。语文课程内容与育人目标相融合，增设传统文化经典内容并贯穿于必修、选择性必修和选修三部分课程之中，还增设了中华优秀传统文化学习专题；18个学习任务群横向相联、纵向递进，有助于学生获得更佳的发展方向和空间。

胡中培（高中化学教研员）：新的化学课程标准更具有系统性、科学性。学科内容经过大幅度的科学整合后，知识的系统性、逻辑性更强，有利于学生形成系统的化学知识框架，也避免了重复学习，有助于提高教学效率。新课程标准将实验化学部分安排在选修课程中，看似连选考的学生都可以不做要求，似乎让人不解。实际上新课标除了在必修课程第一主题中安排了相应的化学学科与实验探究课程，让学生一进高中就体验并感受化学实验的重要性，还在必修内容中明确规定了10个学生必做的实验，这样的化学实验课程安排更自然，更科学。

以人为本，更关注学生的学习过程

吴晓辉（高中生物教研员）：生物学课程标准的基本理念虽分"核心素养为宗旨、内容聚焦大概念、教学过程重实践、学业评价促发展"四个内容表述，但都紧紧围绕"学生核心素养"来展开，突出以人为本，培养适应未来发展的人的理念，以此来建构课程体系。明确建议生物必修部分在高一开课，以确保三类课程教学内容的完成。选修课范围广、贴近生活。学业质量分为四个水平等级来考量，与核心素养的四个维度交织，形成了立体的评价模型。

陈伏亮（高中历史教研员）：新版历史课程标准实现了从"学科本位"到"以人为本"的转变，我最深的体会有四点。一是时代感：不仅及时引入最新的史学研究成果，还以新时代的理念丰富唯物历史观。二是时序感：按照时序对教材内容进行梳理和统整，有助于学生建立基本的历史时空观念，也便于学生识记。三是归属感;从"中国人""社会主义社会"两个维度建构学生的家国情怀和正确的历史价值观。四是减少了距离感:增设"老兵的故事"等主题活动,拉近了学生与历史学科的距离。

沈建葆(高中英语教研员):新版课程标准更生本、更人文。在课程结构上新增德语、法语和西班牙语三个语种,既体现了生本理念、扩大了学生的自主选课权,也在人才培养上顺应世界经济全球化、政治多极化发展的趋势以及我国"一带一路"发展的战略。这也给教师培养、学校课程管理带来了新的挑战。外语课标中提出的语言能力、文化意识、思维品质和学习能力构成了外语学科核心素养的基础要素和价值取向。

(该文经作者整理刊于《中国教育报》2018年2月14日第四版"课程周刊")

学校篇 （二）

校长！新教师首堂课请您捧个场

在新学年开学之际，我特别想给中小学校长提个建议：请给新教师的第一堂课"捧个场"！

新教师初来乍到，面临的主要困难不是生活上的诸多不便和环境的陌生，而是在课堂这个教书育人的主阵地上站稳脚跟，快速被学生认可。说白了，就是能否驾驭课堂、学生服不服你上的课。这对于刚刚结束连续十多年学生生涯的大学毕业生来说，是具有一定挑战性的。无论当初怀着怎样的雄心壮志，无论大学的成绩如何骄人，无论是否经过新教师岗前培训，都多少承受着一定的心理压力。

教学是师生双方的事情，新教师努力做好准备的同时，外在的呼应也显得非常关键。当新教师怀揣备课笔记和学生名册，在几十双陌生的目光注视下第一次踏上讲台的时候，一场重大的人生考验即将开场。此时，应该有校长与他同行——当新教师第一次独自在讲台上面对那一张张好奇的面孔时，一定希望有前辈能沉稳坚定地为他"捧场"、为他"开道"。

这个"场"如何"捧"，这个"道"如何"开"？其实很简单，校长可以事先做点功课，对每一位新教师的个人情况做一些了解，然后陪新教师到教室，在上课之前用两三分钟的时间把新教师最好的一面客观地呈现给学生。以下说法可供参考：

——同学们,我身边这位新来的老师叫某某某,本学期开始将担任我们班(班主任和)某学科的教学。某老师毕业于某某大学,成绩优异,尤其在某某方面非常出色,获得过奖学金和其他多项荣誉。经过激烈的竞争和严格的教师招考,今天他(她)终于成功地站在这里。虽然你们还不熟悉,但通过相互沟通和配合,相信他(她)很快就能成为一名出色的教师。现在,让我们用热烈的掌声欢迎某老师为我们上课!

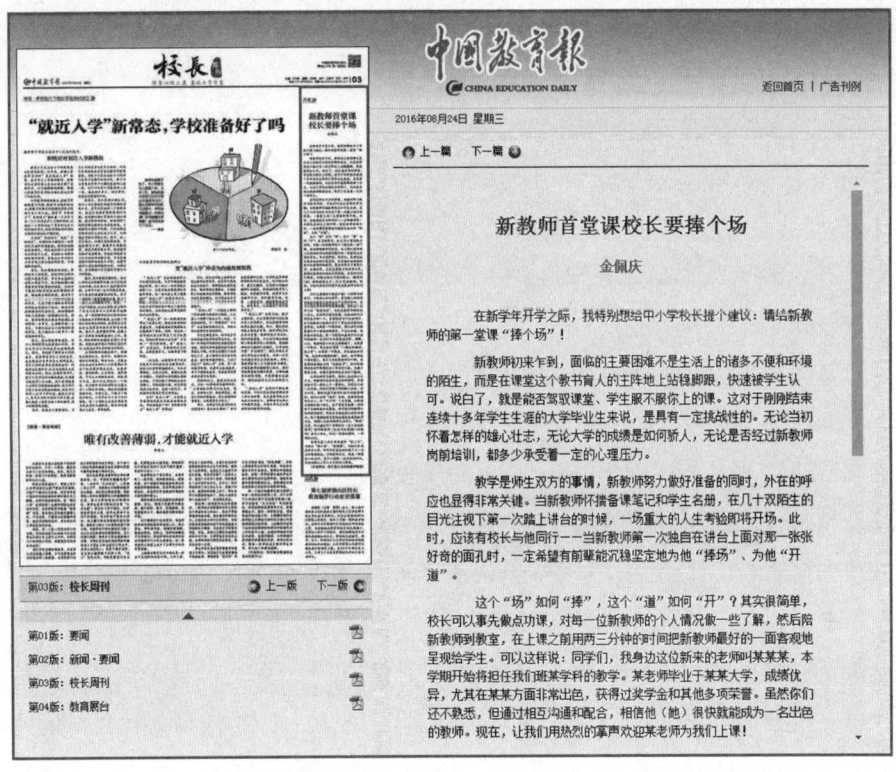

为什么要请校长捧这个场?心理学告诉我们,个体在认知过程中,最先输入的信息往往会对客体以后的认知产生强烈影响,成为以后认知与评价的重要依据。这就是心理学上的"首因效应",也就是通常所说的先入为主。亲其师才能信其道,而良好的开头则是成功的一半。首因效应对于社会阅历、社交经验还比较缺乏的中小学生来说影响尤其明显。如果第一印象很好,那么孩子们就愿意打开心扉接纳新教师,产生认同感、信任感和亲近感。第一印象影响着孩子们以后对新教师一系列行为和表现的评价、解释。比如:新教师某个知识点讲解错了,如果第一印象好,学生就会觉得"人都会犯错误,很正常";如果第一印象差,学生就会评价"咦,连这种问题都讲错"。因此,校长捧这个场的意义,绝不只是给新教师壮个胆,更重要的是借校长的"权威发布",把对新教师的良好印象预先注入学生的大脑,为建立宽容互信、和谐互爱的师生关系打下基础。

从学生转变为教师,新的人生征程正式开启,新教师对未来怀着美好的憧憬,希望在教书育人岗位上干一番事业,实现自己的人生价值。但他们毕竟刚刚踏入社会、涉世不深,暂时还属于教师队伍中的弱势群体。他们今后的"造化"如何,需要学校持续的关心,但"开口奶"十分关键。如果因为经验和信心缺乏,过于紧张导致第一堂课就产生挫败感和失落感,很可能对新教师今后的教育教学、师生关系造成很大的负面影响。除了暑期招考录用的应届或往届高校毕业生,新调入本校的教师也应列入"捧场"名单。所以建议中小学将校长(至少是校级领导)陪同新教师(包括外校新调入的教师)首次上讲台,作为一项学校惯例、一种学校文化。

将首次登上讲台的新教师"扶上马",为他们"捧个场"、"跑跑腿",对校长来说是举手之劳,却实实在在地体现了以人为本的管理理念。对新教师而言,则是一种最贴心的关怀,是可以温暖一生的美好回忆,更是理想之火恒久不灭的动力源泉。

▲浙江省龙泉县某校长受本文启发为新教师"捧场"

(原刊于《中国教育报》2016年8月24日第三版"校长周刊"专版)

校长听评课才是务实之举

读了李镇西老师8月11日在《中国教育报》中教评论版上发表的《校长一定要"兼课"吗?》一文,内心颇有共鸣。耳闻目睹各地对校长兼课的种种规定以及那些被迫兼课校长们的苦衷,笔者内心又觉得意犹未尽,有不吐不快的冲动。

笔者以为,对规模较大的中小学校长来说,要不要兼课原本就是与校长职责没有直接关联的问题,而听不听课、听多少课以及听评课的水准如何才是问题。我们知道,提升校长的课程教学领导力,必不可少的一项基本功是听课与评课,而不是兼课。因此,在教育部制定并实施的《义务教育学校校长专业标准》《普通高中校长专业标准》《中等职业学校校长专业标准》三个"标准"中,都明确要求"建立听课与评课制度,深入课堂听课并对课堂教学进行指导,每学期听课不少于地方教育行政部门规定的课时数量"。

相反,即便是教育法、教师法等国家层面的政策文件,都没有明文规定校长一定要兼课。强行规定校长必须兼多少课,甚至将兼不兼课与校长个人的年度考核、年终奖挂钩等做法,很值得商榷。而认为校长兼课才会把心思用在抓教学上,才能深入课堂、了解课堂,这种理由也缺乏科学性和逻辑性。

除了校长,地方教育主管部门的业务管理科室(基础教育科)干部、分管教学业务的副局长也肩负着领导与指导学校教学改革的重要职责,他们是不是也要

到某所学校兼一门课？

　　课程教学领导力不等于教学能力。校长上课主要考验的不是教学领导力，而是校长对这堂课教学内容、教学方法的理解、掌握和运用。校长要肩负起领导课程教学的职责，听课、评课比兼课更有效、更全面、更可行。校长每学期听多少课、怎么评课是校长课程教学领导力的关键所在。当然，校长兼课可以"解剖麻雀"、近距离了解学生的思想动态等，但毕竟范围有限。所以，校长兼不兼课与这名校长的教学领导力、课程领导力没有直接关系，与教育家办学也没什么直接联系。不兼课的校长未必就没有课程领导力，但不听课的校长其教学领导力、课程领导力就一定有问题。

　　其实，换个角度思考就很容易判断校长要不要兼课：家长、学生喜欢校长到班里兼课吗？班主任喜欢校长与自己拼班教学吗？据我所知，家长、学生普遍不喜欢！班主任普遍不喜欢！这不就很能说明问题吗？既然如此，为何还要强行规定校长兼课呢?

对校长兼课的问题,归纳起来笔者认为有几点:小规模学校,校长工作量不足的,必须兼课;较大规模的学校,兼不兼课由校长自己决定。其实,校长兼课值得鼓励,上课受学生家长欢迎的校长,额外适当奖励也无不可。但这样个性化的校长毕竟不多,且如同李镇西老师所说的"很难复制"。

(原刊于《中国教育报》2016年8月17日第二版"中教评论")

校长"推门听课"之我见

6月14日中国教育报《校长周刊》上刊发的《校长要慎用"推门听课"》一文，对于管理思想比较极端、对教师缺乏信任和尊重、把"推门听课"作为"加强教师课堂管理"手段的校长不失为一种提醒。但笔者认为其中的观点与论据失之偏颇，很值得商榷。

文章从教师"并不十分欢迎"的心态以及"不利于校长与教师、教师与学生之间信任关系的建立"等三大"弊端"层层质疑校长"推门听课"。最后的结论居然是校长"推门听课"会助长管理者"懒政"，扰乱正常的教学管理秩序，甚至还质疑"推门听课"中获得的课堂信息的真实性。

这完全是对校长"推门听课"的曲解，有危言耸听之嫌。

笔者恰恰以为，校长"推门听课"合情合理合法且利大于弊，是对开放、自主的课堂教学观这一时代呼唤的合理回应，应该充分肯定并大力提倡。

不否认个别教师"不十分欢迎这种毫无准备的抽查行为"。但这难道是衡量校长"推门听课"是否合理和必要的依据么？一个注重听课、善于听课的校长一定是个有情怀的校长，是真正关心教师成长的校长。因为他懂得关注课堂质量与关注考试分数在管理理念上有本质的不同；他更懂得课堂是教师成长的主阵地，抓课堂教学就是抓教师队伍建设的牛鼻子。"推门听课"除了方便听课，最主

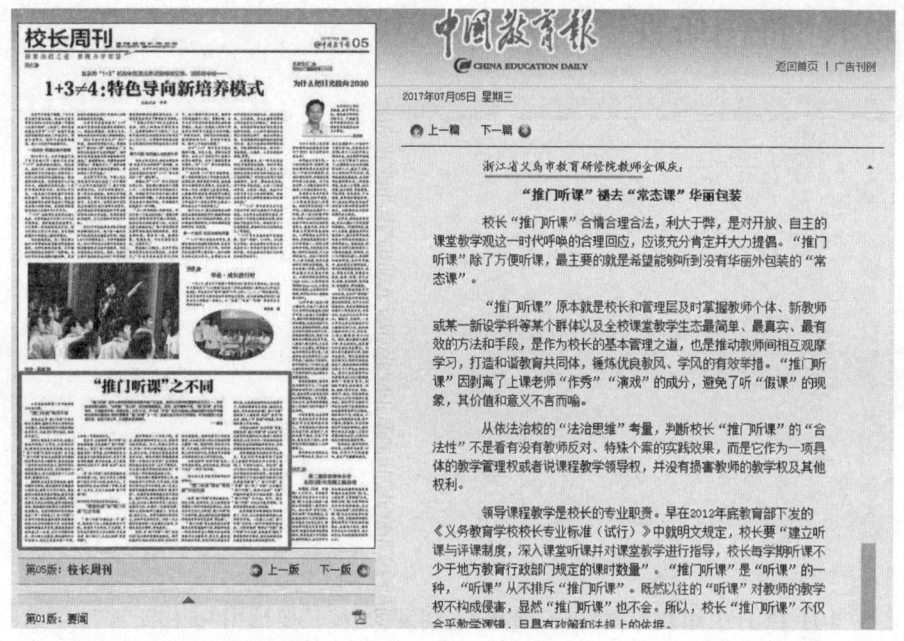

要的就是希望能够听到没有华丽外包装的"常态课",了解课堂教学的真实生态,就是要听没有刻意展示给听课者"观赏"的"表演课"。教师上课之前,发现校长从教室后面进来听课,初始几分钟感到紧张和压力也属正常,但习惯了就一样。况且教师总该事先备过课,不会是"毫无准备"。认真备课、认真组织好每一堂课的教学是"教学五认真""教学十认真"的体现,也是任课老师的基本职责和要求。如果不备课去上课,心中对教学内容毫无把握,那个才叫"毫无准备"!这实际上已经突破了本质工作的底线,是不应该的。校长推门听课,教师却改上课为做练习,这样的老师对这堂课的教学是否"毫无准备"倒是真值得怀疑了,起码也是心虚怕露馅,对课堂教学缺乏自信。"捉迷藏"的怪象,恰恰证明了"推门听课"的必要性,否则就发现不了这名教师的问题。

在今天,无论校长"推门听课"还算不算创新之举,但它在教学管理上的积极作用已经在学术界、广大中小学校长队伍中都取得了共识。"推门听课"原本就是校长和管理层及时掌握教师个体、新教师或某一新设学科等某个群体以及全校课堂教学生态最简单、最真实、最有效的方法和手段,是作为校长的基本管理之道，也是推动教师间相互观摩学习，打造和谐教育共同体，锤炼优良教风、学风的有效举措。"推门听课"因为剥离了上课老师"作秀""演戏"的成分，避免了听"假课"的现象，其价值和意义不言而喻。

从依法治校的"法治思维"考量，判断校长"推门听课"的"合法性"不是看有没有教师反对、特殊个案的实践效果，而是看它作为一项具体的教学管理权或者说课程教学领导权，对教师的教学权乃至其他权利有没有构成侵害。

领导课程教学是校长的专业职责。早在 2012 年底教育部下发的《义务教育学校校长专业标准（试行）》中就明文规定，校长要"建立听课与评课制度，深入课堂听课并对课堂教学进行指导，校长每学期听课不少于地方教育行政部门规定的课时数量"。"推门听课"是"听课"的一种，"听课"从未排斥"推门听课"。既然以往的"听课"对教师的教学权不构成侵害，显然"推门听课"也不会。所以，校长"推门听课"不仅合乎教学管理的逻辑，且具有政策和法规上的依据。

在素质教育和新课程改革的背景下，为了更好地培养学生的学科核心素养与创新能力，开放、自主的课堂教学观已经成为时代呼唤。一定意义上说，"推门听课"是对这一时代呼唤的积极回应。比起传统的"预约式"听课，"推门听课"对于打破"应试教育"模式下课堂教学的专制性、功利性和封闭性无疑具有更强大的助推器作用。"推门听课"与学校的不信任关系以及教师在教学中的依赖和侥幸行为都没有必然的联系，如果有也完全是在技术操作层面上发生的，解决起来并不复杂，用不着因噎废食。在繁忙的教育行政管理事务下，校长挤时间深入课堂"推门听课"居然"一定程度上意味着管理缺失"、会导致"管理人员'懒政'的副作用"的说法，更是违背常理的无稽之谈。

当然，权力是把双刃剑，任何权力的滥用都会导致严重恶果。实施"推门听课"也不能简单一推了之的。该文作者对"推门听课"的质疑与忧虑提醒我们校长，在实际推行过程中是有一些讲究的。

（本文主要部分以《"推门听课"褪去"常态课"华丽包装》为题刊于《中国教育报》2017 年 7 月 5 日第五版"校长周刊"）

辞退犯错教师也要让人心服口服

"对学生采取了理发推头的错误处罚方式,严重违背了教师职业道德和职业操守,引起了家长的强烈不满。鉴于以上情况,经校委会研究决定,对责任教师徐某予以辞退处理。"日前,邯郸市永年区互联网信息管理办公室发布通告,称网传"河北省邯郸市永年区××学校因学生迟到被老师强制剃头"视频中的涉事教师已被辞退,校方公开道歉。从这份"官宣"上看,校方对相关事件高度重视,对舆情反应及时,快速稳定了家长的情绪。不过,辞退涉事教师的做法却显得简单、粗暴了一点,有"葫芦僧乱判葫芦案"之嫌。

咋一看,涉事班主任徐老师让早读迟到的学生"理发推头"以示"从'头'做起"的做法确实有些"出格",难免给人以变相体罚的嫌疑。在"身体发肤受之父母"的传统文化背景下,家长和一些社会人士认为此举带有侮辱性质也就不难理解了。

教师不能履行教书育人职责,性质严重的该辞退当然要辞退。但对于因过错而被辞退的涉事老师来说,应该给一个客观、充分、恰当的说法,因为这关系到这名青年教师是否适合做老师、还能不能做老师。假如真是因为"严重违背了教师职业道德和职业操守"而辞退,当然是无话可说。但笔者以为不管怎么说,以"理发推头"的管理方式为理由认定该教师"严重违背了教师职业道德和职业操守"显然言过其实,辞退的处罚也明显过重。从事件整个过程和涉事班主任徐老师的事后声明看,徐老师在主观上并无侮辱学生的故意和动机,根本看不出这一事件与徐老师的"职业道德""职业操守"有什么直接关系。假如像涉事班主任徐老师的事后声明那样"如果有同学犯了错误,就以男生剪头发、女生剪刘海为惩罚"是班级成立之初全班共同的励志约定,那么伤害学生自尊心的后果也基本不存在。

相反,从目前披露的信息看,倒是隐约看出徐老师的几分可敬、可爱之处。比如坚持提前到班级检查早读情况,应该说工作勤勉;发现学生迟到及时批评教育,严格管理,有责任心;当几名家长气冲冲闯进办公室怒怼时,徐老师表情和悦,主动对接,冷静克制,情绪控制得也比较好。

教育大计教师为本。办好一所学校,离不开一支优良的教师队伍,无论公办学校还是民办学校都是如此。用优厚待遇聘请那些能给学校带来"广告效应"的名优教师无可非议。但学校光靠高薪聘请的几个名优教师包打不了天下。而且名师也不是天上掉下来的,都是经历了漫长的教育实践、无数的磨砺包括出现过大大小小的失误和错误,一路摸爬滚打中,从懵懂的"菜鸟教师"蝶变而来。因此,倡导尊重教师、以人为本,更需要善待和包容那些新入职不久、怀有一腔热血但缺乏经验、还没有找到做老师感觉的青年教师。因为他们一方面代表着教育的未来,同时从教学经验、职称和薪资水平方面看又属于教师队伍中的弱势群体。

平常我们往往责怪一线的教师、班主任在教学管理中对学生怎么怎么简单、怎么怎么粗暴,给学校惹麻烦,作为教育管理者、办学者,在教师管理上是不是更应该摒弃简单、粗暴的方式,给一线教师特别是成长中的青年教师多一点包容,多一点关爱,多一点理解,更加细致和耐心一点呢?陈宝生部长在2019年全国教育工作会议上提出要"在全社会重振师道尊严"。我们教育管理者、办学者首先要带头做起,尊重每一个教师,尤其是青年教师。迫于家长和社会舆论的压力、平息事态的需要将涉事教师辞退,或许是学校的一个无奈之举,但教育部门和教育管理者应该有自己的坚守和底线,也要给因错误而被辞退的教师一个口服心服的理由。

2019 年 1 月 24 日

热衷惩戒权得不到有温度的好教育

江苏某小学"实施教育惩戒的指导建议"引发社会关注,近日《钱江晚报》刊发的《我的那根教鞭,被锁在柜子里20年》一文也让教师该不该拥有"惩戒权"再次成为热门话题。一时间,回味过去手持戒尺、拥有惩戒权的美好时光,呼吁惩戒权的回归似乎成了一种时髦。

惩戒权乃学校教育之重器。对学校来说,惩戒权或许是一种必要,但首先应对惩戒的定义、适用范围和实施程序在制度乃至在法律层面有严格的、清晰的规定。

要论惩戒教育,就不要刻意避开"体罚"。依据《现代汉语词典》解释,"惩戒"是指"通过处罚来警戒";"体罚"是指"用罚站、罚跪、打手心等方式来处罚"。从逻辑关系上看,"惩戒"必然包含"体罚",否则就成了"训诫"。剔除了"体罚"这一层级,惩戒也就丧失了最重要的教育价值,其教育效果也难以保障。

当然,"体罚"作为最高层级的"惩戒",不仅适用范围必须严格限定,而且实施主体恐怕只能是组织,而不是个体。它与教师个体随意采取体罚或变相体罚有本质区别。尽管如此,学校实施惩戒教育依然可能面临法律风险。

从个人立场上,本人并不反对对"熊孩子"适当惩戒,但关键要看可行性。从清光绪二十八年(1902)开始陆续颁布的《奏定蒙学堂章程》等强调"夏楚(jiǎchǔ)

之事断不宜施",到民国初期教育部《小学校令》等强调"不得用体罚",再到《中华人民共和国教师法》将教师"体罚学生,经教育不改"列入"给予行政处分或者解聘"的情形——我们回眸一下近120年的教育史就会明白,"把'戒尺'还给老师"在法理上还会有多大的想象空间。

有教师感叹:"现在的老师越来越不敢管孩子了,罚站不敢罚太久,批评不敢说太重。"问题是假如法律赋予了教育"惩戒权","熊孩子"如果依旧"气焰嚣张""对抗到底"怎么办?所以,惩戒未必就是教育的灵丹妙药。

热衷"惩戒权"得不到有温度的好教育。与其热衷"惩戒权",不如反思一下自己的教育理念,致力于教师教育艺术的提升。教师自身如果有足够的教育魅力,惩戒权即便获得也会变成沉睡的"武器"。

从网上议论的情况看,我们教师较多的是关注学生作业拖拉不按时完成、上课走神或违纪等学习上的情形,感叹罚抄课文、罚抄听写中纠错的生字、留堂补作业以及扔粉笔头、罚站等做法被明令禁止,稍有涉禁都会被家长或学生投诉的无奈。由此师生关系、家校关系紧张,老师与家长沟通都感到恐惧。

当今的学生不好管、不敢管,当然有家庭教育缺失、家长不积极配合等原因,但另一方面也意味着当代学生和家长拥有了更为广阔的视野,对教育的公平公正和人格尊严有了更高的期待,是一种民主意识、权利意识的觉醒。我们老师要接受这种教育新时代的挑战,转变观念,提升专业化水平。但我倒觉得,更为重要的原因或许是我们的教育太功利,我们把教育的初心、教育的魂丢了。

当前,我们老师迫切需要的恐怕不是"惩戒权"的回归,而首先是对教育初衷的反思,回归教育的初心,着眼于学生人格的发展和核心素养的全面提升,而不总是为学生的考试分数、班级的平均分而焦虑,真正把立德树人这个根本任务落实在教育的每一个环节和细节上;同时,要摒弃家长制管理方式,树立教育民主的理念,重建师生之间相互信任、平等尊重的良好关系。其次,我们老师面对学生时也要放下身段,不要总是一副寒冬的面孔,带点微笑,多一点时间与学生谈谈心、拉拉家常,密切师生关系。人心都是肉长的,哪怕是熊孩子的内心也一样渴望被尊重。师生关系密切了,学生亲近老师、信任老师,愿意对老师掏心掏肺,任课老师特别是班主任就能将班级的风吹草动尽收眼底,课堂便呈现出另一种良好生态。

好的、有温度的教育,在很大程度上就是有好的师生关系。

(本文系刊于《中国教育报》2018年12月28日第二版"中教评论"的文章原稿)

国家立法才是惩戒教育实施的根本出路

2018年11月22日,江苏省常州市局前街小学召开了一场关于惩戒制度的听证会,引发热议。据悉,为了推行惩戒教育,该校自9月开始就对《常州市局前街小学关于实施教育惩戒的指导建议(讨论稿)》的修订、实施进行商讨、论证,广泛听取各方意见,可见该校对推行惩戒教育十分谨慎和理性。

据媒体报道,在这份尚未公开的讨论稿中,教育惩戒的客体为"经常出现暴力倾向,伤害班级同伴"等四类情形。教育惩戒方式"包括批评、加倍劳动、取消评先、没收与违规行为有关的物品、静坐、诵读与错误行为相关的经典语录、适当隔离等",没有包括直接作用于身体的方式。校长李伟平表示,在该校的惩戒制度中"绝不允许老师打学生、体罚或者变相体罚学生"。

笔者对该校试水惩戒教育的勇气表示敬佩,对于从中透露出的教育情怀理应予以道义上的支持。不过,考虑到教育惩戒乃学校教育之重器,实施中有以下几点建议:

第一,对"惩戒"的定义应依据权威解释,严格限定其内涵与外延。如果自行解读,就容易引发争议。我们既要防止惩戒的滥用,也要防止虚与委蛇,缩小其外延,削弱其原本的价值与功能。

何为"惩戒"?它与"体罚"有何区别?依据《现代汉语词典》解释,"惩戒"是指"通过处罚来警戒","体罚"是指"用罚站、罚跪、打手心等方式来处罚",是一种对身体施加影响的处罚。从逻辑关系上看,惩戒必然包含对身体施加影响的处罚。

第二,对肢体施加影响的处罚方式,也就是通常说的"体罚",是实施惩戒教育的根本意义所在。"体罚"是最高层级的惩戒,少了这一层级,惩戒教育也就在很大程度上丧失了它的价值。

当然,需要特别强调的是,要严格限定作为最高层级的"惩戒"——"体罚"的使用范围,包括实施的部位、强度、最高次数等,不得出现司法鉴定中"轻微伤"以及以上的伤害结果,能不用尽量不用;"体罚"也不得违反社会道德良俗和损害学生人格尊严。同时,实施"体罚"的主体恐怕只能是组织,而不是个体。也就是说,除非出现紧急情况,教师可与当事学生发生肢体接触之外,教师个人无权体罚,只有学校可以实施。即便如此,严格的实施程序、符合惩戒教育需要的固定场所与工具、较为专业的"执法"人员、被惩戒者的救济途径等等都不可或缺。这与教师个体由于情绪失控等原因随意对学生采取体罚或变相体罚有本质区别。

第三,即便如此,学校自主推行惩戒教育仍然会困难重重,如履薄冰,主要是实施惩戒教育的法律风险很难完全排除。因此,产生的后果也很难预料。比如被惩戒学生的后续反应、家长的态度、舆情发展等等。当今我国法治环境尚不是非常理想,"校闹"现象不绝、学生自残自伤情况时有发生,学校和老师很容易处于被动应付的状态。

所以,进一步优化社会法治环境,通过国家立法来完善中小学惩戒教育制度,让惩戒教育有法可依才是根本出路。

2018 年 11 月 26 日

该给教师一个家校合作"负面清单"

"一上小学,老师就要求孩子在家每天背一首古诗,结果我和爷爷奶奶、小姑轮流教,孩子不知流了多少次泪;开始学拼音了,老师又让孩子把光盘带回家,要家长看着孩子学发音,还每天发一张拼音拼读练习让家长陪练、签字。"这是一位母亲在某地方论坛上的吐槽。

前不久,杭州某小学八名一年级孩子因为家庭作业完成得不好,被老师叫到黑板前排列,拍照后上传到家长群里公示、批评。这两件事看似没有直接关联,但都反映了在学校和老师主导下被异化的家校关系,令人遗憾。如今,班主任和学科老师让家长监督孩子的听、读、背、默诗词和课文,批改孩子的练习卷,辅导各科作业等五花八门的做法,已经让老师与家长之间的互动交流变了味。随着互联网技术的普及,手机等移动智能终端的广泛应用,有的班主任和学科老师利用班级微信群、QQ群,实时在群里晒出学生的课堂学习等在校活动的图文信息,播报家庭作业完成进度,表彰优秀作业,公示学科测验成绩,让学生家长几多欢喜几多愁。

为了追求自己学科、班级的考试成绩和升学率、优秀率,一些老师借助网络智能平台,把学科教学延伸到家庭,让家长当"陪练",直接参与到孩子的学习竞争之中。对此,不乏"积极配合"并乐此不疲的家长。有的家长甚至觉得老师这

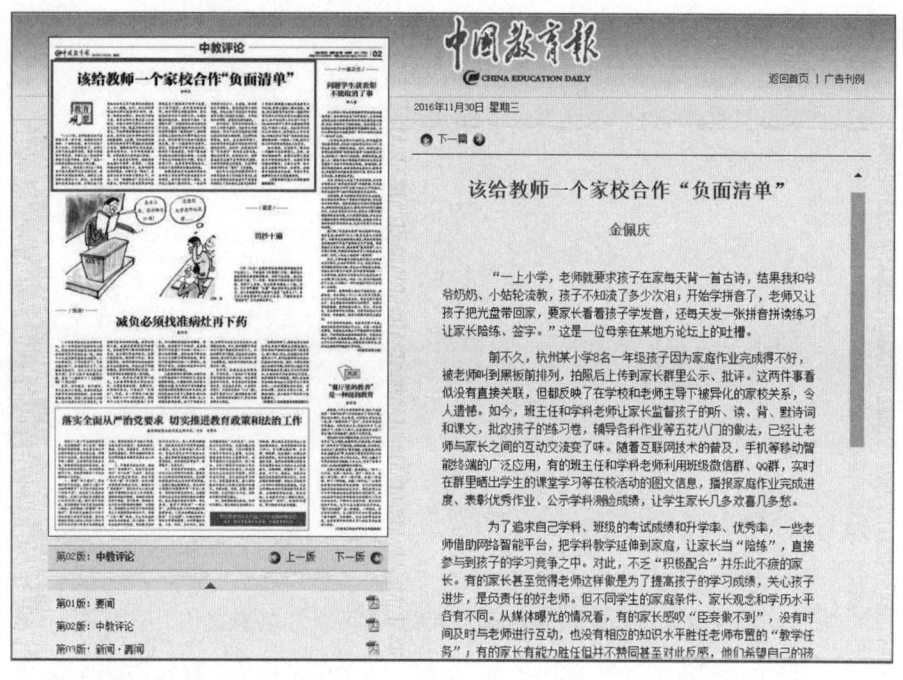

样做是为了提高孩子的学习成绩，关心孩子进步，是负责任的好老师。但不同学生的家庭条件、家长观念和学历水平各有不同，从媒体曝光的情况看，有的家长感叹"臣妾做不到"，没有时间及时与老师进行互动，也没有相应的知识水平胜任老师布置的"教学任务"；有的家长有能力胜任但并不赞同甚至对此反感，他们希望自己的孩子能够全面发展，有一个健康快乐的童年。因此，学校教育不断向家庭延伸，既误导了家庭教育，削弱了家庭教育应有的功能和基本价值，又加剧了学生之间的教育不平衡，背离了教育公平。这种变异的家校关系，已经到了亟待规范和整治的时候。

健康的家校关系应通过学校和老师的主导作用带动家庭教育水平的提高，提升家长的育人理念，共同把立德树人落到实处。一些老师对待家长没分寸、无底线，扭曲家校关系的做法，固然是老师个体的问题，但也反映了学校在引导家校教育问题上的缺位和错位，与学校的办学思想、教育观念密切相关。

我们看到，许多老师特别是入行不久的青年教师，对教学工作满腔热忱，但对于如何开展家校沟通尤其是使用家长微信群、QQ群却很难拿捏。因此，在互联网环境下，结合新形势的发展和学校教师队伍建设的实际，给老师一份家校合作的"负面清单"恐怕是当务之急。通过这份清单，把家校合作、指导家庭教育过程中老师哪些不该做、不该说的底线交待清楚，让老师对家校沟通中的"禁区"心中有数。

2015年10月发布的《教育部关于加强家庭教育工作的指导意见》，就充分发挥学校在家庭教育中的重要作用提出了具体要求。《意见》强调中小学幼儿园要建立健全家庭教育工作机制，坚持立德树人根本任务。据悉，浙江省教育厅在听取一线教师和学生家长对作业的意见和建议的基础上，还于2016年1月初专门下发了《改进与加强中小学作业管理指导意见》，可谓用心良苦。但如果作为执行主体的校长、老师缺乏认同和重视，对通过学生"拼爹"来提高考试成绩的做法睁一只眼闭一只眼，执行上级文件的实际效果就会大打折扣。

校长重视，主动有为，解决这一问题就不会是难事儿。当然，在学校考核教师、教育行政部门考核校长与学校的过程中，也要改变唯分数论的做法，不要让老师、校长总是为班级平均分、优秀率、合格率和学校排名而焦虑，毕竟让学生健康快乐成长才是最重要的。

（原刊于《中国教育报》2016年11月30日第二版"中教评论"）

"家长群"要让家长"归位"

【按】处于舆论旋涡中心、与部分闲聊家长在家长群"骂战"四小时事件中的高智女家长,笔者认为还是应多给一点理解和谅解的。我们屡见在论坛等虚拟世界里锋芒毕露的"好斗"分子,在现实生活中却并非如此,甚至反而是性格内向、寡言少语,所以不能断定现实生活中她就那么跋扈;从事大学教学和研究的人,特别渴望有个良好的工作、学习环境——学问是要静静地、沉下心来做的!想必这位女教授饱受了家长群无休止的闲聊折磨之苦,终于有了一次情绪失控的大爆发。

据红星新闻报道,近日广西玉林市玉东三小,某高校副教授、博士学历的女家长因不堪班级家长群内聊与学习无关话题,大骂群内其他家长,言语颇为出格且骂战不停,持续时间长达四小时。

尽管一个人在虚拟环境下与现实社会中的人设并不一定一致,但在家长群里长达四小时的骂战中,这名女家长不仅出言不逊,还盛气凌人,高调炫耀自己的显赫学历、出身与职称,暴露出其个人修养、情绪控制等方面的欠缺,需要深刻反省。

这一事件也再次给家长群管理无序的现象敲了一记警钟。从网上流出的该

家长群截图上看，骂战起因于部分家长闲聊"酒文化"。对此作为管理员的老师没有及时制止，这名女家长"抗议"无效，以致引发骂战。其实，家长群并不适合"闲聊"。笔者曾听到不少上班族家长吐槽：因为要接收老师指令、获知老师布置给孩子的家庭作业等信息，家长群既不能设置为"消息免打扰"也不能退群；家长群内的问候、闲聊、转帖等信息提示干扰自己上班且不说，为了找到被眼花缭乱的闲杂信息所覆盖的家庭作业、学校活动通知等信息，每天需要进群"爬"上半天的"楼梯"，苦不堪言。

近年来，中小学家长群为家校沟通带来快捷、便利的同时，也一直很不太平，频频爆发"茶壶里的风暴"：有老师在群里公布学生成绩排名被家长投诉的，有家长抱怨因没有看到布置在家长群里的家庭作业导致孩子第二天上学受老师处罚的，有让家长在群里发红包交"材料费"被人浑水摸鱼的，有老师在群里上传后进生罚站照片引发舆情的，有曝光老师让期末考试不及格学生的家长按分数差额在群内发红包的，甚至还有老师跟着家长在群里抢红包被家长以"涉嫌受贿"截图后发给校长挨批评的，等等，举不胜举。其根本原因是对家长微信群、QQ群等网络群组疏于管理。

给家长群"建章立制",强化和规范家长群的管理,让家长"归位",学校、老师以及教育部门亟待提高认识,改变方便了学校和老师却增添了家长负担与麻烦的现象。2019年初,北京市教委发布《关于加强中小学APP、互联网群组、公众账号管理的通知》,明确规定中小学群组用途,值得借鉴。当然,班主任老师还要结合自己学校与班级的特点,站在学校、家长双赢的角度细化"约定"。一个家长群其实就是一个小社会,如果班主任不事先设定一些具体的规矩和约束,家长各自任性表达诉求与爱好,家长群不出乱子才怪。实际上,家长群也不是活跃度越高越好。频频在家长群里发信息,全职太太们回应点赞了,忙于工作的家长不附和一下就显得过意不去。因此,除了必要的沟通,平时还是"凉着"为好。

家长群也考验着建群的班主任老师的管理智慧和教育理念。利用家长群布置家庭作业,发布学生成绩、排名,批评或表扬学生,何谈素质教育和减负?对家长附和老师、相互间攀比家庭背景、晒娃等视而不见,何谈管理能力?最终,学校老师利用家长群指挥家长做本不该家长做的事情,把自己的焦虑与压力传递给家长并在家长群里发酵,家长又把焦虑与压力传递给孩子,孩子扛不住,减负也就难以落实到位。

当然,班主任老师也要掌握家长群管理的一些基本技巧。比如发现有家长吐槽、发起辩论或出现负面的信息和情绪,不宜在群里直接回应,而要立即通过电话或私信让对方先撤回并转入私聊模式。

(原刊于《中国教育报》2019年12月18日第二版"中教评论",略有补充)

让老师给学生行"鞠躬礼"离谱了

新学年开学,一条贵阳某小学老师穿戴整齐给入校学生鞠躬的微博引发热议。在我看来,让老师给学生行"鞠躬礼"哪里只是作秀,开学迎新作此安排简直是吃饱了撑的。

这是培养孩子懂礼貌的好做法?这是老师身体力行,对懵懂的入学新生进行传统文化礼仪教育?非也。

如此做法违背常识,完全不符合人类的天性。没有上一代哪来下一代?是应该老师先值得尊敬,还是孩子先值得尊敬?当然先尊敬老师、先尊敬长者,然后老师、长辈也尊重孩子、尊重晚辈。

如此做法完全不合乎逻辑。试问,这个学校的老师以后一直都要先给学生鞠躬行礼么?老师到社会公共场所遇到自己熟悉的孩子、别人家的小朋友是不是也先鞠躬行礼呢?做出这样决定的学校考虑过吗?

如此做法完全曲解了师生之间的平等关系。师生之间的平等和相互尊重,主要体现在人格上不是玩花样博眼球,即便在外在形式上也要有长幼、先后之分。无论在阅历上、学识上、技能上还是品格修养等等方面考量,都应该让学生先向老师致礼,老师再还礼。当然,作为特殊情况,面对学生老师有不当行为或者某学生确实有值得让人尊敬的言行表现,老师先给学生鞠个躬也是可以的。

通常情况下老师没有必要先给学生鞠躬行礼。

如此做法不符合中华传统文化的"孝和礼"。"路遇长，疾趋揖。"这所以弘扬传统礼仪文化为办学特色、以践行"孝和礼"为主题的学校老师，难道不知道这是《弟子规》所要求的吗？怎么就反其道而行之了呢？这不是让老师斯文扫地么？

如此做法违背了心理学规律和德育原理。从心理学上讲，进入一个陌生的环境，多数人会因为深浅未知而产生紧张不安情绪，甚至恐惧感。常人如此，何况刚离开幼儿园的儿童？这些初进新学校，一切都分外陌生的新生，在校门口遇见齐刷刷站立的老师如过堂一般，还突然一惊一乍地鞠躬90度行礼，必然让新生猝不及防，这是哪里是启发式教育？明摆着是人为地设置"道德陷阱"。反应敏捷的孩子虽然被迫鞠躬回礼，那也像娱乐节目"活力大冲关"那样战战兢兢属于侥幸闯关（有的依靠家长的临场补救过关）；对于心智发育迟缓一点的懵懂少年则茫然不知所措。试问这种突然袭击的"道德考试"，会不会给孩子留下心理阴影、心理阴影的面积有多大？都吓死宝宝了，知道么。

如此做法错不在老师。需要说明的是，这场"鞠躬秀"错不在这些老师，她们是无辜的，她们老半天站在门口也知道别扭。吃饱了撑的是她们的校长。只有作风独断、官本位强烈的校长，才会想出这样完全不靠谱的幺蛾子！试想，如果这所学校的校长作风民主，学校开学迎新工作事先经过学校教师或班子成员民主商议，而不是一言堂、校长拍脑袋说了算，会有这样让老师们别扭的"鞠躬秀"？

令人细思极恐的不是这场教师"鞠躬秀"的教育效果，而是产生这样离谱教育行为的背后。让我们担心的不只是"鞠躬秀"上行礼顺序的颠倒、价值观的错位，而是这所学校在管理方式和作风上背离民主参与、依法治校，背离《国家中长期教育改革和发展规划纲要（2010—2020年）》提出的现代学校制度建设的方向。

2017年9月5日

让家长排练晚会：老师"甩锅"还是另有隐情

"晚会的布置交给家委会，各自报名节目，最后由家委会汇总给老师。学校不负责组织排练，要求学生自行在家进行排演。"近日北京朝阳区某小学一改大型联欢会由老师统一组织的惯例，将一年级元旦联欢晚会的布置和孩子参演节目的排练等"摊派"给家委会，遭到家长吐槽，并引发社会热议（据《工人日报》报道）。

由此联想到近日中共中央办公厅、国务院办公厅印发的《关于减轻中小学教师负担进一步营造教育教学良好环境的若干意见》，不免让人担忧，给教师减负，压力是否会转嫁给家长？

该校家委会的尴尬处境很让人同情，该校的做法让人啼笑皆非。众所周知，孩子的健康成长和全面发展离不开学校、社会与家庭的协同发力、相互配合，学校教育更是离不开家校合作。照例，充分调动家长的积极性、开发家长教育资源，让家委会出面举办联欢会，该校的家校合作初衷不仅有创意，也有一定的道理。本来嘛，开发社会尤其是家长这一重要资源，共同参与活动育人、立德树人，而不是只要求家长"代劳作业"等与分数、考试相关的事情，大方向没有错，也是学校的职责所在。元旦联欢晚会既是学校艺术教育成果的展示，也可以说是学生平时在学科以及德智体美劳等各方面个性化和实践性作业水准的一次综合检验。2017年12月教育部正式印发的《义务教育学校管理标准》明确要求学校应当"指导学生利用学校资源、社区和地方资源完成个性化作业和实践性作业"。对孩子来说,最温馨的莫过于与父母成为队友,为实现自己的目标并肩作战;对参与排练的家长来说,得到了学校提供的一次深度开展亲子互动的机会、一段幸福时光。一家人与教育的美好相遇,与孩子共同迎接困难与挑战、一起享受挫折与成功的酸甜苦辣,无异是幸福而难忘的。

但家校合作的重要前提是学校、老师的专业指导不缺席。家校合作重在平时学校对家庭、家长的引导和沟通,要有温度和弹性,要关注细节、讲究方式方法,要循序渐进。孩子虽然同级、同班、同校,但家长的从业情况、忙逸程度、能力水平、对待孩子学业与学校的关注度以及个人三观等千差万别。然而该校却将筹备元旦联欢会的大部分事情都硬性"摊派"给家长,显然不合理,连作为对学校工作最支持、最积极的家委会成员都很有情绪。无疑,学校方面在具体开展家校合作时尺度太大,事先缺乏很好的沟通,方法过于简单粗暴,原本是一场教育的美好相遇,却变成了老师"甩锅"给家长的局面。家校合作变了味,教训十分深刻。

在笔者看来,一场学校举办的元旦联欢晚会规模不算小,学校和老师完全"甩锅"让家委会去搞,情理上也不大可能。学校不至于敢这样做。假如校方放任不管,联欢会的效果能不能保证且不说,万一活动组织过程中出现安全事故谁担责?问题应该出在家校双方缺乏沟通和协商,在没有充分考虑家委会的承受能力情况下就让家委会去"挑大梁",学校老师在活动筹备过程中的指导和支撑不够,也挫伤家委会积极性的责任。

近年来,让家长"代劳"批改作业等家校合作变味的做法与案例,媒体时有披露。据一项调查显示,80.3%的受访者认为学校教育对学生家庭的依赖严重,75.6%的受访者认为这已经给家庭造成了较重负担,64.7%的受访者认为"全能家长"不是"全能宝宝"的必要条件,61.4%的受访者认为存在部分学校和老师偷懒省劲的情况。这样的数据或许并不一定具有权威性,但也反映出一些学校老师确实成为了加重家长负担的推手,习惯于让家长做"助教",让家长的身心压力也与日俱增。不过,我们应该看到,让家长排演节目与"代劳"作业批改在性质上还是有较大的区别。让家长排练晚会没有那么明显的应试教育味儿,甚至可以说是基于活动育人的目的。

当前,学校需要重点关注和反思的是端正办学思想,按教育规律办事,提高学校管理专业化的水平。让家长排练晚会与让家长"代劳"作业固然有所区别,但一样给家长造成了不小的压力,超出了家长力所能及的范围。

从深层次上分析,假如平时学校音体美劳等教育正常到位,班主任开展班级文娱活动、选拔参加学校文艺演出的节目也就不难,家委会也乐意积极参与,让联欢活动锦上添花;如果学校办学思想不端正,过于追求分数、考试与升学率,平时不能严格执行课程方案,音体美劳课被随意挤占,学生得不到全面而个性化发展,临到文艺演出之类的展演活动,班主任只有依赖家长这个唯一的"外援",家委会也就"鸭梨山大"了。

2019 年 12 月 24 日

依法治校也需以生为本

"女生发不披肩",否则强制剪发;男女中学生交往"至少保持在44厘米以上",否则视为不检点;小学生上课期间去厕所,每周只允许2次,并与考核挂钩;考试成绩在班级平均分以下,须交相应罚款……当前,法治教育氛围不浓、依法治校浮于表面等现象在一些中小学还不同程度地存在,人治思维的惯性力仍然在学校管理、教育教学中挥之不去,这从部分学校的奇葩校规中可见一斑。

这些奇葩校规、班规看似"依法治校""按规办事",在规章制度面前人人平等,从中透露出来的恰恰是学校管理者头脑中顽固的人治思维和成人霸权。殊不知,依法治校首先要求学校管理者在《未成年人保护法》等国家法律法规的框架下,结合学校和班级实际以及学生身心发展的特点,制定出合情合理、人性化、有人情味的校纪校规、班规。而制定出"善法""良规",前提是尊重学生的合法权益,保障师生乃至家长的知情权和参与权。而且,让学生平等参与管理,在实践中学会怎样行使自己的权利,并尊重他人的权益,这原本就是最好的法治教育,比开几堂法治教育课效果不知要好多少倍。奇葩校规、班规所展现出来的"冷酷",实际上是学校管理权的滥用,与依法治校相去十万八千里。

当前,我们中小学应积极推进依法治校,重视学生权利的保障。学生是学校的主人,在涉及学生利益的各项规章制度方面,不能搞"成人霸权""一言堂"。学

二 学校篇 113

校领导要在与老师、学生及其家长深入沟通、取得共识的基础上,制定出合乎人性的、具有生命力和执行力的规章制度。学生一旦成为校纪班规的制定者、参与者,自然会成为校纪班规的支持者、守护者。

学校还要从依法治校、建设法治中国的高度推进教育教学改革。法治教育既要在课内外开展,更要树立"学生立场",尊重学生的学习权、选择权,以民主、平等、协商等方式实施各种教育教学行为,把课堂还给学生。同时,学校还要充分保障残障学生、学习困难学生等"少数人"的合法权益,加快建立由学生和家长代表参与的学生救济组织,给学生以合理表达个人诉求的通道。用身边鲜活的案例,引导学生学法、知法、用法、守法,让学生在校园丰富多彩的法治主题活动中培养法治观念。

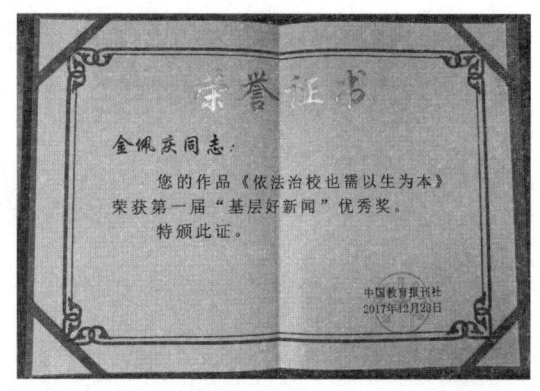

▲本文的获奖证书

尤其需要注意的是，学校应以法治精神和社会主义核心价值观为指导，对学校的办学思路、各项规章制度等进行一次合法性、科学性等方面的梳理，针对不同情形，该增删的增删、该废止的废止。

依法治校与以人为本的办学思想在本质上是一致的。推进依法治校、民主管理是一个循序渐进的过程。我们要从法治建设与现代学校制度建设的高度，以师生权利为视角，大力推进中小学依法治校，增强学校的办学活力。

（原刊于《中国教育报》2017年5月31日第二版"中教评论"，略有改动）

心理健康教育远不是几节课的事

近年来,不断有媒体爆出学生自杀的消息,谁看到这样的消息内心都会非常沉重。笔者无意去追究是谁把他们推向绝路,且这样的极端事件在学生中也只是极少数,但青少年心理健康问题却不容忽视,需要老师在传授知识的同时引导和帮助他们,让他们有能力主动释放成长过程中产生的负能量。

许多心理学家都在呼吁全社会关注青少年心理健康问题,也在中小学设立心理辅导室、心理热线,上心理辅导课等以加强对青少年的心理干预。但我认为,关注和解决好青少年心理健康问题不能靠少数心理专家的个别辅导,也不是把学生集中起来上几节心理辅导课就完事,而是要靠承担着教书育人使命的广大老师。每一位老师都要承担起这个责任,在日常教学中随时随地以自己的经历、见解与视野引导学生正确面对各种成长中的烦恼,掌握自我调节和释放内心压力的方法。这对于普通老师来说并非一件难以企及的事情,也不是额外负担,而是责无旁贷,是立德树人的应有之义。

亲其师则信其道。学生的健康成长首先需要老师具备更多的正能量,能够与学生建立起良好的师生关系。同时,在学科教学中,帮助学生获得学科的思维方法和人文情怀的熏陶;引导学生通过电影、电视、互联网特别是各种综合实践活动与社会生活相融合;鼓励学生走进图书馆、阅览室与经典相约,与大师对话

真善美；组织各种社团，让学生发展自己的兴趣特长并提供交友的机会；学校的生涯规划课程不能成为摆设，而是帮学生分析并认清个体最大潜能和优势在哪里，不至于对自己的人生追求茫然不知；学校和老师要让学生在学业上取得进步的同时，有机会获得社会生活的经验，掌握融入社会的基本常识，特别是基本技能、情感态度价值观的支撑。当他们在日常生活中遇到各种矛盾、挫折和困惑时，老师能引导他们激发自己的潜能，运用积累的经验和方法去解决矛盾和未知问题，在心理健康出现问题无法自我平衡时，也能懂得怎样去寻求各种救济和帮助。

也许，中小学的教师、校长都背负着学生升学和考试的压力，无力抵抗并改变功利浮躁的教育大环境。但是，我的地盘我做主，老师至少可以在力所能及的范围为青少年心理健康和自我心理调节能力的培养做一些事情。只要中小学老师能够走进学生的内心世界，被学生当作知心朋友，老师在日常教学中点点滴滴的交流都会给学生以精神慰籍。

当然，我们也希望那些已经跨入大学之门、在法律上已经具备完全民事行为能力的大学生们明白：人生就是一个不断探索生命意义和价值的过程。即使一个人明白了"人应该为什么活着"，也经常会陷于"我为这样的人生目标活着到底值不值得"的自审与困扰。年轻时被"人为什么活着"等问题卡住是正常的。人生才刚刚开始，慢慢来别着急，既然有远方，就不怕暂时找不到梦想。

（原刊于《中国教育报》2017年2月6日第二版"中教评论"）

防范欺凌,老师不妨多与学生拉家常

4月12日,一段"女孩被多人欺凌"的视频疯传,引发众多网友愤怒声讨,再次引发社会对中小学生欺凌问题的关注。经查,该视频系河北省廊坊市永清县某小学的六年级女学生刘某于4月11日(星期日)组织同校及外校学生将女同学李某强行带到村外施暴时拍摄,起因是李某曾在网络平台对其辱骂。该视频再次提醒我们,做好中小学生欺凌防治工作任重而道远。

常识告诉我们,防范和遏制中小学生欺凌事件的发生,加强源头治理、强化预防机制特别重要。而学科老师尤其是班主任老师在学生欺凌行为的早发现、早预防、早控制方面具有得天独厚的优势。也因如此,早在2016年11月教育部等九部门联合印发的《关于防治中小学生欺凌和暴力的指导意见》就已明确,(分管法治教育副校长与)班主任是学校防治学生欺凌和暴力的"直接责任人"。

但事实上,尽管与学生天天见,不少班主任老师在心理上、情感上与班里的孩子之间往往隔着一堵"墙",其"直接责任人"作用的发挥还有很大的空间。根据国务院教育督导委员会办公室关于各地中小学生欺凌防治落实年行动工作情况的通报,2018年4至12月网络媒体报道的80起学生欺凌事件中,只有8.8%的受害者在遭受欺凌后主动寻求老师或家长的帮助。可见,大多数欺凌与暴力事件虽然都在老师和班主任的眼皮底下发生,但班主任却处在被"屏蔽"状态,事

前、事中都一无所知。因此,拆除师生这堵心理之墙,改善和提升师生关系的品质,特别是在班主任与学生之间建立起充分信赖的关系,既是当务之急,又是防范和遏制中小学生欺凌工作的重中之重。

笔者在中小学调研中也发现,一些班主任老师对防范和遏制中小学生欺凌工作存在认识不到位、方法简单粗暴等现象。有的班主任对有霸凌行为的学生只是简单粗暴地批评、训斥,甚至辱骂,然后通报家长了事;个别班主任发现有学生欺凌的苗头,采取"眼不见为净"或"睁一只眼闭一只眼"。这样势必让学生对老师能否真正保护自己失去信心,害怕一旦告诉教师自己被欺凌后再次受到更严重的欺凌。

提高认识,把立德树人落到实处。广大中小学教师尤其是班主任老师除了要提高对校园欺凌的危害性、防治的艰巨性、长期性的认识,更重要的是提升育人理念、教育思想。要坚持把立德树人作为自我认知的根本价值取向,拉升中小学教师尤其是班主任老师的专业尊严感。不能有意无意地把"教育"降格为"教学"、抓"教学质量"降格为抓"考试成绩",不能简单、片面地把可量化的考试排名作为维系个人专业尊严的主要依托,不能只盯住学生的学业成绩、考试排名而漠视学生的学业压力、个人尊严、情感需求、社会交往、亲子关系等等学业之外的、同样事关学生健康成长问题。

关口前移，改进校园欺凌防治策略。学校、学科老师，特别是班主任老师在平时经常性组织开展宣传教育，向学生严正声明对欺凌行为零容忍态度的同时，应从改进和优化师生关系入手，将校园欺凌行为尽可能消灭在萌芽状态。

顾明远先生在《爱是教育的源泉》一文中说得好："师生关系建立在信任的基础上，教育就不是什么难事了。"教师干预和防范学生欺凌问题也是如此。但我们发现，很多老师包括班主任老师上班时间忙忙碌碌，工作上十分投入，除了主导教学活动，居高临下布置作业、纪律、卫生、竞赛等各项任务，会舍得花点时间与学生聊天、拉家常的并不多，师生关系非常单调。为此，特别建议我们老师，特别是班主任老师平时多跟学生聊聊天、拉拉家常。其实，只要班主任调整心态、放下身段，以平等互敬的姿态，带一点微笑和慈爱的眼神，抓住平时零碎的时间敞开心扉与学生轻松聊聊，密切师生关系并不难。学习的问题当然也可以聊，但千万不要绕来绕去都绕到学习、考试、分数上去。师生之间相互亲近，相互信赖，班主任就能将班级的风吹草动尽收眼底，欺凌和暴力防治的"早发现、早预防、早控制"也就有了坚实的基础。

老师与学生推心置腹拉家常，表面上看降低了身段，其内在本质恰恰体现了老师的一份人文关怀、师德境界。建立高度信赖的师生关系，需要广大中小学教师树立民主平等、相互尊重的教育思想，摒弃居高临下、颐指气使的家长制管理方式，需要认真学习和贯彻教育部《中小学教育惩戒规则（试行）》，严格遵守该规则第十二条所列举的教师惩戒"八不得"，明晰自己的行为边界，提升自己的情绪管理能力，不随意对学生发脾气，甚至"激情施暴"，避免成为另一类"欺凌事件"的制造者。

（本文系刊于《浙江教育报》2021年4月21日"新闻·评论"版《防欺凌，发挥"直接责任人"应有作用》的文章原稿）

让中小学生"识五谷"很有必要

据人民网近日报道,武汉一所国际学校把小学生带到农场上课,让孩子们体验挖红薯、割稻子等农事劳作,听老农介绍作物生长过程和种植方法等。这些学生中的大多数还是第一次亲眼看到红薯、稻谷、青菜长在土地里的样子。一堂以田间地头为教室的"识五谷"实践课,让孩子们与农耕文化有了一次亲密的接触,也真切感受了"粒粒皆辛苦"的含义。

"现在的孩子大部分都在城市里出生、成长,脱离了土地和自然,五谷不分,也与农耕文化逐渐疏远。"诚如此言,经常听到一些城镇中小学老师反映,有的学生甚至高中生还闹出"把小麦当葱苗""分不清长在地里的是高粱还是粟米""以为萝卜长在树上"等诸如此类的笑话,其中一些学生虽然随进城经商务工的父母生活,但还是地道的"农二代"。这种不识农事、五谷不分、脱离自然的现象,让人忧心。

当今一些中小学生"五谷不分"的现象是怎么造成的?其中固然有近年来各地大力开展学校布局调整、学校向城镇集聚等客观因素,但从根本上说是一些学校的办学指导思想更多地着眼于应试,没有把综合实践活动这门必修课程按要求开足开好。

早在2001年颁布的《国务院关于基础教育改革与发展的决定》就提出"从小

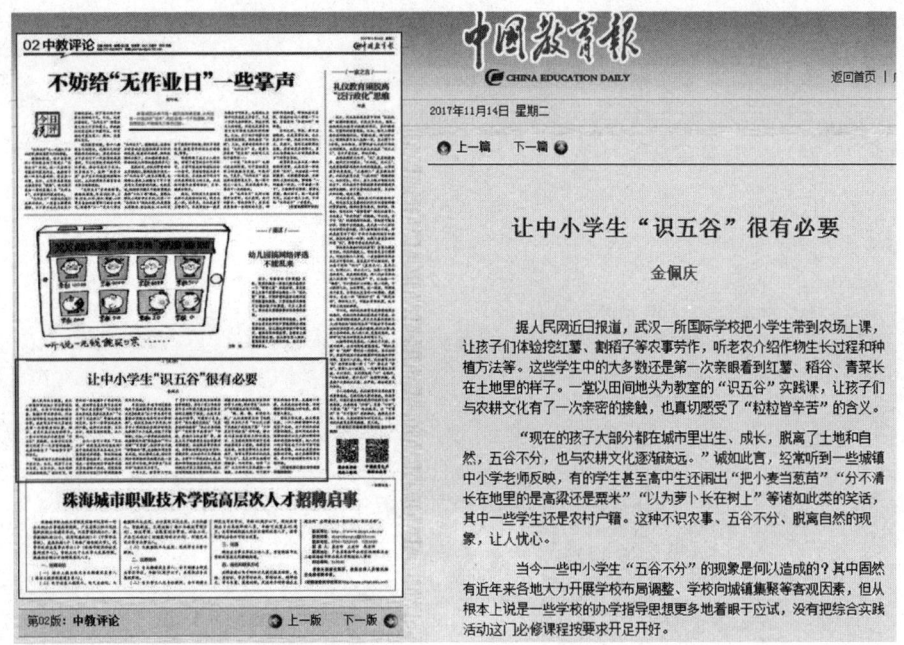

学至高中设置综合实践活动并作为必修课程"。该决定实施十多年来,许多中小学的综合实践活动确实取得了不少成果,创造了丰富经验。比如,一些学校在校内或校园附近开设"学农基地""开心农场""百草园",组织学生开展"研学旅行"等,这些做法深受学生欢迎。但从整体上看,综合实践活动课程的实施情况在一些地区并不乐观,部分学生"五谷不分"也就不足为奇了。

今年9月,教育部又印发了《中小学综合实践活动课程指导纲要》,并对小学三年级到高中各个阶段开展综合实践活动的主题做了推荐,从技术层面进行指导,可谓用心良苦。其中"我与蔬菜交朋友""关爱身边的动植物""来之不易的粮食""农时季节我帮忙""种植、养殖什么收益高"等,都是立足于培养学生综合素养的考察探究、社会服务等实践活动,非常贴近学生的生活实际、思想实际、认知水平以及年龄特征。当前中小学的当务之急,是要加强学校综合实践活动课程的规划并真正实施到位。通过活动课程把学生带到田间地头、湖塘菜园无疑会激发学生强烈的学习兴趣,部分学生"五谷不分"的问题也会迎刃而解。

"鹅、鹅、鹅,曲项向天歌。"从初唐骆宾王的《咏鹅诗》到当代少年"云从天上掉下来摔破了就变成了雾""夕阳是水中的金鸟"的吟诵,都让我们真切感受到乡村田园生活、大自然的熏陶对孩子灵性的滋养有多么重要。将课堂设在农场,把学生带到大自然怀抱中,给学生带来的不仅仅是"识五谷",更是让学生能够对待粮食、对待劳动、对待"三农"以及对待大自然建构一种健康、正确的观念,对于提升学生的综合素质、发展核心素养,尤其是社会责任感、创新精神和实践能力的培养,都具有重大意义。

留住乡愁也罢,故土难离也罢,一个人的家国情怀不是凭空产生的,与少年时代的经历密切相关。在田间地头参与农事的经历以及乡村田野种种具体的实物和场景,把人们内心的乡愁变成了十分可亲可感的具体影像,而不会是空洞和抽象的言词。这才是根深蒂固的、牢不可破的情怀所系与乡愁所依。

(原刊于《中国教育报》2017年11月14日第二版"中教评论")

给新生"下马威"的套路别玩为好

新学年伊始,接手一年级新生教学任务的初、高中老师,大多喜欢拿第一次考试(一般是月考)给入学不久的新生来个"下马威"。他们不仅有意把卷子出得难而又难,而且评分标准也掐得特别严。比方说,平常作文基本分给 30 分的,这次则降为 25 分,大有不让每个学生都考砸决不罢休之意。

于是乎,新生第一次考试结果出来,面对断崖式下滑的成绩,无论"学渣""学霸"一个个都呆若木鸡,有的甚至痛哭流涕。做父母的也是惊慌失措、六神无主。老师在讲评试卷时虽然表情严峻,但看着全班学生一个个垂头丧气、老老实实的样子,内心却暗自得意。

热衷玩这种"下马威"套路的老师,背后的动机是多方面的。

有的只是想给任教的班级摸摸"家底",拎一拎这些学生的基础到底怎样,别无他意;有的是给新生尤其是那些个性张扬的学霸一个下马威,防止他们骄傲自满,以此确立自己的教学权威和学科地位,便于今后管教;有的初中老师则是借机给新生及家长洗脑,让他们认可并配合自己对所谓的初中生"成长模式"进行重新打造:原先小学里得的这个奖那个奖、学的此特长彼特长,统统给我刀枪入库、马放南山!除了分数,其他都不重要。考什么学什么,给我老老实实把时间腾出来做题目。

二　学校篇

甚至,有的利用家长以及新生对新课程的学习难度、学习要求、学习方式等缺乏了解,刻意设置陷阱、敲山震虎,为私下有偿补课创造条件。

"太祖武德皇帝留下旧制,新入配军,须先吃一百杀威棒。"笔者觉得给新生"下马威"考试的套路与在文学名著《水浒传》第九回中沧州牢城营的管营对待新收押配军的做法倒有几分相似。笔者认为,不管出于何种动机,不符合现代教育的理念,这种套路还是别玩为好。

良好的开端是成功的一半,兴趣是最好的老师。刚刚升入初中或高中的学生对未来的学习与生活都怀着陌生感、神秘感甚至焦虑感。相对而言,他们属于学校的"弱势群体",特别需要学校和老师的善待。假如有学校老师的细心呵护与引导、高年级同学的帮助与包容,新生就能尽快熟悉并适应新校园的生活,树立起追求新知的信心和战胜困难的勇气。面对新课程、新环境,假如通过一段时间学习、适应以后,在学校组织的首次测验中取得比较好的卷面成绩,无疑会极大地鼓舞学生的士气。

我们不要小觑这第一次小小成功，它可以让新生脆弱的学习自信心得到强化与巩固，爱上自己的新学科。而且，学生往往会在喜欢某一门学科与喜欢这门学科的老师之间产生情感的迁移。所以，适当降低新生入学后第一次考试的难度，让新生皆大欢喜，是一种符合心理发展规律的教学策略，不仅有利于激发学生的学习内驱力，还有利于建立融洽的、良性循环的师生关系。相反，"下马威"式的考试会给新生带来不同程度的挫败感，严重的甚至会对自己学习新课程的能力产生动摇并丧失学习兴趣。

教师不是说一定不能有套路，但一定要建立在符合道德与良知、符合青少年身心发展规律和教育教学规律的基础上。玩"下马威"式考试的套路无论从哪个角度讲都是不恰当的。在此，希望接手起始年级新生的班主任和任课老师，要在建立融洽、互信的良好师生关系上多下功夫，多一些笑脸、多一些鼓励，别再玩这种"下马威"式考试的套路，也提醒即将升入初中、高中的新生，万一遇到这样的套路不要害怕，家长也别去信这种套路。

（原刊于《中国教育报》2018年8月31日第二版"中教评论"）

有价值追求的学校才是"最好的学校"

《中国教育报》5月26日第二版"为什么所有一流医院收治的都是最难治的病人,而所有一流的中学招收的却是最好的学生?"李镇西老师的这一疑问可谓一石激起千层浪。

那么,这一问题是否可以破解?破解这个难题能否成为中国基础教育走向优质均衡发展的希望?我首先想说的是:无论答案是什么,仅看目前它给教育界所带来的思想冲击,就已经证明了其价值。

回答李镇西提出的问题难在哪里

常识告诉我们,两个事物要进行比较,需要有一个基本前提:可比性!当我们了解医院治病的过程和医院内部的管理体制后,就会发现:医院治病与学校育人、办医院与办学校在很大程度上或者说在很多方面都不具有可比性。

比如,通常医生治病是"一对一",教师授课是"一对多";医生主要针对病人的肌体,教师则针对学生的心智发展;医生的治疗效果是立竿见影,至少短时间可以显现,教书育人的成效则不然;医生治病是就病论医,相对独立,教师的教学效果则受学生的学习基础和高一级学校招考制度的影响;医生手术需要麻醉师、

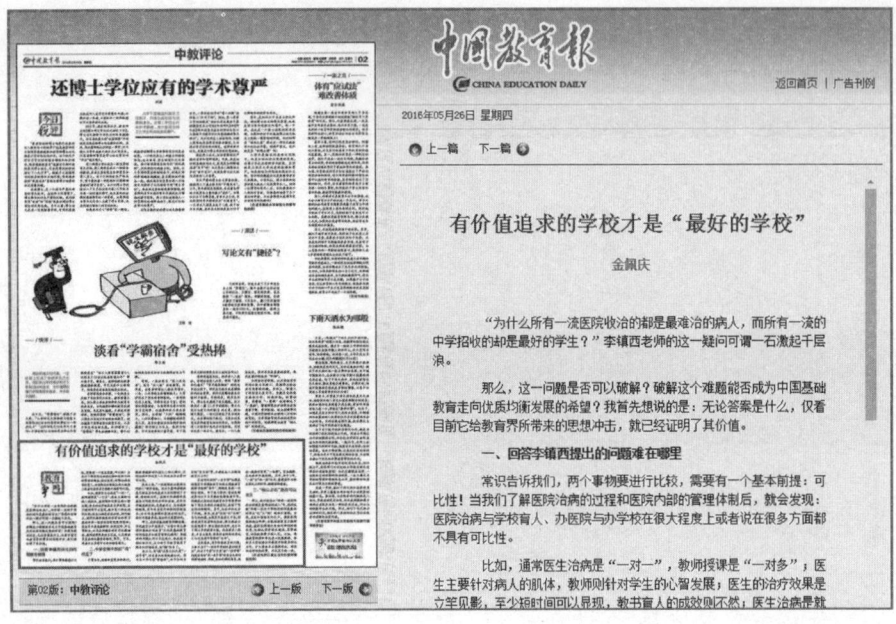

助理医师、护士等配合,以及各种精密的医疗仪器辅助,教师授课则是独自完成,也没有很多复杂的仪器需要操作,等等。可见,两者不太具有可比性和借鉴意义。

中学教育不能把"魂"给丢了

尽管如此,经验和直觉告诉我们,既然李镇西的问题令人难以释怀,医院治病和学校育人之间就应存在某种可比性。

表面上看,"一流医院收治最难治的病人"确实普遍,因为大量的普通病患已经在当地的基层卫生院得到了方便、有效的治疗。这种不同病情的患者在不同医院的分布和流动,并非医疗制度规定的,是患者自主、自由选择的结果,其中有着医疗体制的价值追求:让不同患者得到最适合的治疗。因为对患者来说,适合的才是最好的。

那么,在推进基础教育均衡发展、实现教育公平进程中,"让每个学生都得到最适合的教育"不也是基础教育的价值追求和教育哲学之魂吗?李镇西的问题之所以引发热议,就是因为相比较而言,当今的中学教育偏离了根本的价值追求,把"魂"给丢了。

我以为,丢"魂"现象不仅仅是"一流中学",许多层次的学校都如此。君不见小学开设"学渣班",初中各种名目的"重点班"等,不都是在人为制造教育不公吗?

李老师所说的"一流中学"如果是指兼有升学预备教育和就业预备教育两种功能的"高中",那倒是具有一定的合理性。学习能力强的、考试成绩优异的尖子生多数会选择高考升学。问题是过度的应试教育和升学竞争抑制了学生多样的兴趣爱好,吞噬了学生的创新精神。另外,社会评价也出了问题。其实,这些"名校"的"名师"自己也知道,如果离开这些尖子生,到普通高中或者职校任教,根本就教不过普通高中、职业学校的老师,也出不了那么多的教学成绩。但在很多人眼里,非重点普高、职高的老师再优秀也不如这些拥有高升学率的"名师"。

在我看来,高中阶段教育的问题,主要不在于"一流的中学招收最好的学生",而在于中考"尖子生"被"一流中学"切走后留给"非一流中学"的学生也面对同样的教材、课程,参加同样的高考,然后一起拼升学率、"一本率"。学生选课、走班教学步履维艰。另外,高中三年,"一流"与"非一流"之间、普通高中与职业学校之间转学、融通困难重重。

"他山之石"是否可以攻玉

那么,我们能否从"所有一流医院收治的都是最难治的病人"中,找到攻破"所有一流的中学招收的却是最好的学生"之"玉"呢?恐怕不靠谱。当然,启发和借鉴或许不少。要像医院因病施治那样,让基础教育真正因材施教,最终还得通过系统内部的体制改革,包括从高考招生制度、高等教育、评价机制等方面入手。比如,遵循教育规律和学生身心发展规律,按照多元智能理论开展高中阶段多样化办学,扩大学生自主选择学校、课程和老师的权利等,而不是千校一面。

(原刊于《中国教育报》2016年5月26日第二版"中教评论")

给教师失控的情绪做个 CT

"体罚"常常如阴影一般在教育界挥之不去,而动辄给体罚和变相体罚学生的老师扣上"师德败坏"的帽子加以谴责固然解恨,但问题似乎并非那么简单。一律给这些老师贴上"心理变态"的标签,也不见得就能解决问题。事实上,不少辱骂、体罚学生的老师,平时在学校里恰恰都是"好"老师。利用暑期阅读美国帕萃丝·埃文斯的人际关系心理学著作《不要控制我》[①]一书,让我对教师体罚学生这一现象有了更深入的认识。

那么,到底是什么原因让那些平时兢兢业业教书育人的老师瞬间变得面目可憎,成了摧残学童的元凶呢?我们看到,无论是媒体披露的极端案件还是平常发生在我们身边的侵害学生行为,其当事老师大多在事后都非常自责和后悔:自己的初衷是为学生好,但不知怎么回事,一下子情绪就失控了。甚至有的老师一而再、再而三地辱骂和体罚学生,一而再、再而三地后悔、内疚。

《不要控制我》这本书最让我惊喜的是,它为教师如何开展心理自助、加强情绪管理、建立和谐的师生关系提供了一把金钥匙。虽然该书并没有对教师侵害学生行为专门进行剖析,但运用其原理完全可以让我们触类旁通、举一反三。

---

① (美)帕萃丝·埃文斯著:《不要控制我》,京华出版社 2002 年 10 月版。

运用埃文斯的观点,辱骂、体罚等行为之所以会发生,很可能是这些老师与相关学生开始接触时就已经埋下了祸根。因为这些老师是通过"逆向"的方式与学生建立联系的,尽管有的师生关系貌似还很亲密。

"逆向"的师生关系源于老师先入为主的假设和判断(幻觉),而无视学生个性特点等客观存在,这是导致控制行为的开端。由"逆向接触"开始,进而发展成为"逆向联系",如果不加以纠正,"逆向联系"就会渐渐转向"压制性"的控制关系。有的老师正是扮演着这样的控制者,习惯于对学生进行负面评价、下定义,打击学生的自信心,而不考虑对方真实想法和感受,这是这类老师基本的行为特征。他们貌似很爱学生、对学生严格要求,但他们忽视甚至完全忽略了不同学生的思维水平、接受能力、内心需求、性格特征、行为习惯和成长背景等真实情况,按照自己所期望的、虚构的人物特征,武断地强加给学生本人。

"小学生懂什么自尊心""一看到他就气不打一处来""听话的孩子才是好孩子"……这些对学生的认知幻觉和评价方式在一些老师(包括家长)头脑中根深蒂固。他们习惯于用评论代替观察,然后给学生贴上负面的标签,不懂得通过有效的沟通去理解孩子真实的想法和内心世界,不知道尊重孩子的个性并与之建立"正向"的联系。

埃文斯告诉我们,与成人不同,孩子的边界是对一切教育开放的。对孩子来

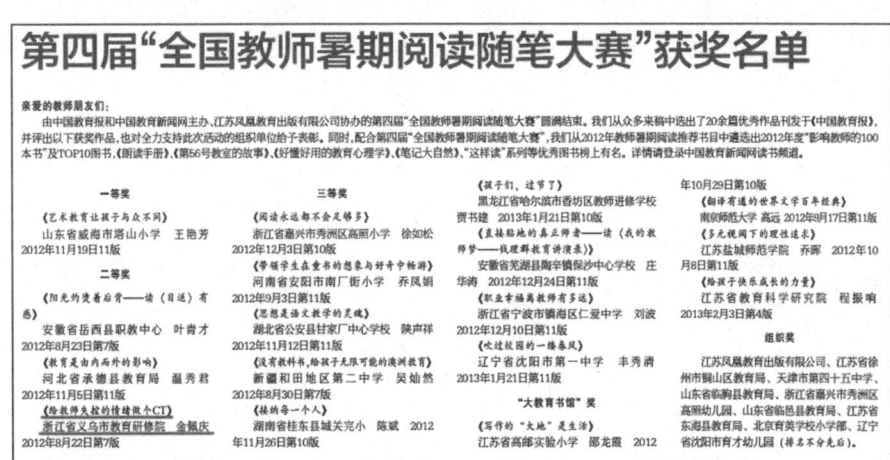

▲本文获"全国教师暑期阅读随笔大赛"第四名(二等奖)

说，父母、老师都是很神圣的，他们很容易接受父母、老师的判断而放弃自我。不过，即使学生迫于压力或为了得到老师的宠爱而放弃自我，去迎合老师，避免了遭受辱骂和体罚的结局，但其后果仍然非常严重。因为这样会导致学生心理扭曲和自我人格的主动分裂——这对学生成长造成的伤害同样也是十分巨大的。

情绪失控不是我们辱骂和体罚学生的理由，愿望和初衷再好也不是我们伤害学生的借口。《不要控制我》这本书把我们带入到人际关系中一个不为人所知的领域，告诉我们在家庭和社会生活中如何避免让自己成为控制者，也不要成为被控制者，远离暴力，让生活更加和谐、幸福。毫无疑问，这本书的价值和意义远不止于帮助教师管理好情绪、建立良好的师生关系，让学生健康成长。

（原刊于《中国教育报》2012年8月22日第八版"暑假特刊·读书"）

不喜欢，缘何也成了好老师

> 不少优秀教师入行之前的人生理想和职业规划根本就不是当老师，甚至根本就没想过自己爱不爱学生——

通常我们都认为，只有自愿选择教书、喜欢做老师才有可能教好书并成为一名好老师。一位资深教育工作者甚至这样忠告参加新教师招考的大中专毕业生：做老师必须爱学生，不喜欢孩子就不要当老师。

这位教育工作者的肺腑之言，道出了教师区别于其他职业的根本特点。中小学幼儿园教师面对的是可塑性强、身心处于快速发展中的孩子，是活生生的人。教师是人类灵魂的工程师，并非简单地传授知识，而且教师的工作态度如何，不仅影响知识与技能传授的效果，对学生的身心发展都会带来很大影响。正如西汉辞赋家扬雄所言："师哉！师哉！桐子之命也。"

但是，通过深入了解许多优秀教师甚至杰出教师的成长经历，我们却发现一个意外的现象：不少优秀教师入行之前的人生理想和职业规划根本就不是当老师，甚至根本就没想过自己爱不爱学生。试举我最近访问的两例：

朱向阳老师1975年出生，20世纪80年代末填报中考志愿时，出于迫切想跳农门迁户口以及家庭负担等考虑，其父让他放弃读重点中学而选择读中专。

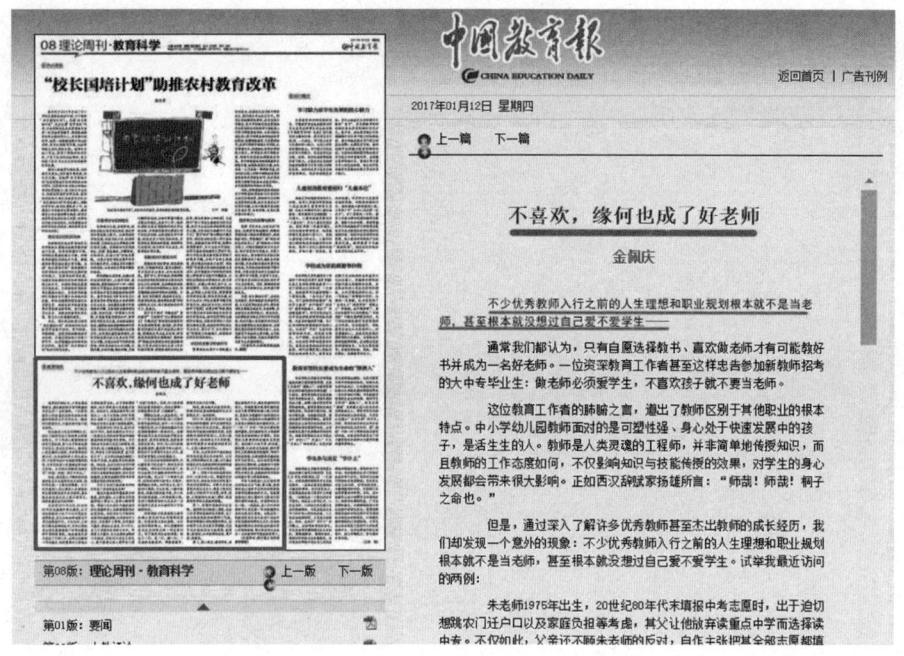

不仅如此,父亲还不顾朱老师的反对,自作主张把其全部志愿都填报了助学金最高的中等师范学校。他在委屈无奈中熬过了中师三年,在毕业分配到小学任教后,他还曾要求父亲找关系调离教育系统。由于因故调动搁浅,他只得硬着头皮继续当老师。但没多久,他就在教书育人的岗位上一发不可收拾,2000年获浙江省第十三届春蚕奖,35岁那年被评为浙江省第十批特级教师。

吴加澍老师1941年出生,在20世纪50年代,高考成绩完全可以上一流重点大学的他却阴差阳错被普通师范学院数学系录取。由于学校和专业都不是自己的理想,还是专科,他心理落差很大。大学期间,用他自己的话说就是"差不多混日子"。大专毕业他被分配到一所高中任教,先教数学后改教物理。但后来,他成为浙江省内外颇有影响的高中物理教师,相继被评为浙江省物理特级教师、浙江省功勋教师、全国劳动模范等,并享受国务院政府特殊津贴。

为什么当初不喜欢教书的他们却成了好老师甚至名师?

透过无数好老师爱教爱生的现象,我们看到,大凡能成为优秀教师的人事业心、责任心都非常强。那些入行之初并不喜欢教书的优秀教师身上充满着强烈的社会责任感。他们有自己严格的处世原则和道德准绳,无论身处什么岗位,无论做什么事情,无论喜欢不喜欢,都会认认真真、尽心尽力,自己不满意的东西绝不出手。即使明天不教书,今天也要把该做的工作做好,否则对不住自己的良心,更不愿意让别人觉得自己因"无能"而离开。显然,内心具有强烈社会责任感的人,无论从事哪一行都容易衍生出"工匠精神"。

摩擦会生热,人是会变的。对于一个有社会责任感、有人文情怀的青年教师来说,面对一个个活泼可爱的生命,从不喜欢到喜欢不过是相隔薄薄的一张纸而已。在频繁的教学互动交流过程中萌生出爱教育、爱学生的情感,是很容易且很自然的。所以,与入行之初就喜欢做老师、喜欢孩子的人相比,他们并不见得有什么先天不足,甚至更具有爆发力和发展潜力。

大凡有社会责任感的老师,无论最终离开还是留下,都是负责任的选择。哪怕出于无奈而留下,他们也会努力发掘做老师的职业价值和乐趣。这从另一个侧面又说明,这样的老师比较有人文情怀,懂得换位思考。他们有主见、有个性但不固执、不认死理,心胸比较豁达,性格比较活泼开朗,为人处事比较能通融,人际沟通能力强。这种个性特质恰恰又是成为一名好老师尤其是杰出教师所不可或缺的条件。

师范院校开展爱教爱生教育和确立坚定的专业思想固然重要,但更需要从高处着眼,让社会责任感的确立、对工匠精神的追求成为师范生的一种自觉行为。有了强烈的社会责任感,就会干一行、爱一行、精一行;一旦选择去做老师,那热爱教育、热爱学生就不是问题。

相反,假如缺乏社会责任感,即便当初自愿选择做教师也未必就能成为一名好老师。

2013年,笔者对某地99名集中培训的新教师(其中应届师范生52人)进行开放式问卷。通过对回收的问卷进行梳理后发现,自愿选择当老师的有82人,占总人数的82.8%,但纯粹出于工作环境、福利待遇等方面考虑的就有20人,占总人数的20.2%。

当然,也并非当初不喜欢做老师将来更容易成为好老师。从内因、外因的辩证关系上看,从不喜欢到喜欢并完成新教师到好老师的嬗变,以下几个外部条件很重要：

第一，学校不失时机地接纳和关怀，以身安促心安。新教师是学校的未来，但初来乍到之时则属于学校的弱势群体。同事尤其是领导能及时在生活上、情感上特别是业务上对他们予以关爱、指导、鼓励，让新教师尽快融入群体，快速感受到学校大家庭的温暖。

第二，有尊师重教的社会环境。教师职业比较受人尊敬，社会上具有尊师重教的良好氛围，至少在当地具有浓烈的尊师小气候。新教师能够从学校周围的群众、地方领导以及学生家长等接触、交流中充分感受到自己被需要、被尊重、被信任，从而获得存在感、尊严感、荣誉感。

第三，因人制宜、精准帮扶，搭建业务提升平台，激发新教师的内驱力。学校既要开展青年教师基本功比赛等群体性凝心聚力的活动，更要关注新教师个体的扬长补短。比如，创造条件让新教师利用自身某方面特长进行课程开发，以"一对一""多对一"的方式帮助新教师磨课，适时推荐有实力新教师开设各种级别的公开课等。学校要放大新教师的成绩和点滴进步。通过校门口电子屏、校讯通、微信群、公告栏以及校报、校刊等形式大张旗鼓宣传新教师，哪怕只是校级荣誉，也要通报给任教班级的学生和家长。充分运用各种激励性的反馈机制，让新教师不间断地获得做老师的幸福体验和成功带来的满足感，在最短的时间里体会到教书育人的高峰体验。

宇宙飞船能进入太空按照预设的轨道自由飞翔，最关键、最艰难的是从地面升空的初始阶段能否顺利克服地球的引力。这就需要借助大型火箭的外力推动以获得足够的加速度。好老师的成长也一样。一般说来，在入行之初的前两年尤其是第一年对新教师未来的发展至关重要。如果在这一阶段任其自生自灭或者只压担子却没有精准的帮扶与关怀，没有给新教师提供出彩的机会和教书育人的高峰体验，那么新老师未来成为一名好老师的可能性就非常小。

（原刊于《中国教育报》2017年1月12日第八版"理论周刊·教育科学"，略有改动）

今天依然需要提倡园丁精神

园丁,原指专门从事园艺的劳动者。党的十一届三中全会前后,随着尊重知识、尊重教师的社会风气逐步形成和回归,"学生是祖国的花朵,老师是辛勤的园丁"的提法迅速得到社会的广泛认同。然而,现在我们已经很少有人愿意再把教师比作园丁了,"园丁"一词似乎已经淡出教育的话语系统,各级"园丁奖"的评比也似乎风光不再。那么,园丁精神真的过时了吗?把教师比作园丁是否真的不合时宜?

园丁与教师确实有很多的相似乃至共同之处。比如,园丁始终把研究和了解花木如何生长发育放在第一位;园丁与教师都要耐得住寂寞,离得开繁华,不仅要有不辞辛苦、甘为人梯的精神,还要有丰富的经验与技术,并不断提升自己的业务水平;不仅要努力创设花木(学生)自由生长的空间,充分展示其天性,还要按照社会的需求,有目的、有预期地进行引导和干预;不仅要有整体观,公平对待每个个体,还要着眼个体,因势利导、因材施教等等,两者具有很大的可比性。

我以为,做好一名园丁要有两个最可贵的特征。一个是情怀,对园艺工作的热爱,对自己伺弄的花木有一种发自内心的喜欢,甚至有"情不知所起一往而深"的痴迷。有了这分情怀,无论是遭遇电闪雷鸣还是赤日当头,充当护花使者的园丁都无怨无悔,伺弄花木一招一式不含糊。当然,这种情怀可能是源自园丁对花

木的天然喜爱，也可能源于内心强烈的工作责任感。另一个特征是建立在熟悉花木生长之道基础上的手艺。无论是松土、施肥、浇水、除虫还是整枝去劣，一切措施都基于园丁对土壤气候环境，对花木脾性的深刻理解和把握，呵护花木总能"适时""得法"，该管则管，能放手则放手，既不缺位也不越位。显然，园丁哲学最根本就是因势利导，通过自己的辛勤付出，辅助每一株花木获得最理想的生长。

由此看来，把老师比作园丁并不落伍，园丁实际上就是"好老师"的别名，我们应当大力提倡园丁精神，赋予园丁精神新内涵，做与时俱进的园丁。我国常见的"蜡烛说"突出了教师的无私奉献精神，但在照亮别人的同时牺牲自己却略显苛刻；"灵魂工程师说"强调教师在精神成长方面的引领作用，突出了育人上的高超艺术，但对学校的工勤人员、普通教师来说却是难以企及的——毕竟他们日常大量的工作是教学和平凡琐碎的事务。而以园丁作为教师形象的基本定位，对于大多数老师来说具有直观性、可操作性和可接受性。而且，园丁的角色定位无论是对于教书育人的一线教师、服务于人的学校工勤人员，还是管理育人的教育行政人员都适合。只要心中确立了园丁这个自我形象就一定会明白：把孩子们当作幼苗认真呵护、培育,就是一份不可推卸的责任。

  有人认为,"花盆里长不出参天大树"。把教师比作园丁是不是贬低了教师职业的崇高?未必。在自然界也不是所有花木都能长成参天大树的,不同群落的植物有不同的习性和生长规律。有经验的园丁能够熟透各种花木的生长习性顺势而为,不会因为哪种植物不可能成为参天大树,只适合盆景中栽培或作为行道树、绿化带使用便拔苗助长,更不会萌生"恨铁不成钢"式的抱怨或鄙视。从事着"阳光下最崇高的职业"的中小学教师不也应该如此吗?

  当下我们呼吁教师的园丁精神,不应是应景,也不是哗众取宠,而是回归教育规律,回归教师的专业精神。对于中小学教师来说,对园丁形象的认同与选择不是值不值得的问题,而是配不配的问题。对于从学生身上谋取私利、动辄以"成人霸权"体罚或变相体罚学生、歧视后进生以及违法乱纪侵害学生身心健康的极少数人,其实根本就不配称作园丁。

(原刊于《中国教育报》2017年8月10日第二版"中教评论")

老师到底要不要像老师

近日,某著名中学特级教师一篇题为《不像老师的老师和不像校长的校长》的旧文再次在网络媒体上受到关注。笔者注意到这一说法在其他名师、名校长中也比较流行,因此觉得有必要对此进行探讨。

从原则上讲,这些名师名校长结合自己的教学经历和切身体会,倡导人格平等、互相尊重的师生关系,笔者完全赞同。这些名师名家的文章对于那些平时背着手、绷着脸、不苟言笑,习惯以长者、教者自居的老师,不失为善意而针锋相对的批评与提醒。放眼四周,喜欢在学生和家长面前摆谱、鼻孔朝天、让学生无法接近的老师,当了校长之后"一阔就变脸"便傲视教工的,也不鲜见。

但笔者以为,诸如"不像老师的老师""不像校长的校长"提法尽管夺人眼球,却有玩文字游戏之嫌,容易造成逻辑上的缺陷。

假如"老师不要太像老师",那又该像什么?到底老师要不要像老师?而且,这些名师、名校长并没有对怎样才"像老师"或者说老师的"形象标准"这个立论前提做出明确交代。不过,从逻辑学上分析,在"老师不要太像老师"的否定式判断中,显然隐含了作者对老师"形象标准"的定义,因而才能推演出践行着"人格平等、互相尊重的师生关系"的作者自身是"不太像老师"的结论。如果这样的话,是不是"以长者自居,习惯于在学生面前摆架子"就是作者定义的教师"形象

二 学校篇

标准"呢？但这样的定义，恐怕难以被普遍认可。因此，"老师不要太像老师"的结论恐怕也就有些草率。

在教师队伍中确实存在"以长者自居，习惯于在学生面前摆架子"的现象，但早已不是今天教师的"形象标准"。如果是，也不过是封建社会纲常名教背景下，科举教育体制中被概念化、标签化的"教书先生""私塾先生"罢了。西方教育制度传入我国已经一百多年，我国正着力建设有中国特色的现代教育制度，难道教师的"形象标准"还是封建时代的老标准、旧形象么？当然不是。

名不正则言不顺。那么，新时期的教师"形象标准"该是怎样的？依据什么标准来设计？

在贯彻实施国务院《国家中长期教育改革和发展规划纲要（2010—2020年）》过程中，教育部从2012年开始相继印发了《中学教师专业标准（试行）》等涵盖中小学、幼儿园以及中等职业学校、特殊学校的多个"教师专业标准"以及《义务教育学校校长专业标准》等多个"校长专业标准"。这一系列的专业标准为我国教师和校长队伍的专业化建设指明了方向。毫无疑问，这些标准是我们教师进行个性化形象设计的根本依据，是教师形象标准设计的"母本"。依据这个"母本"，只要体现真善美和知识的力量，每个教师可以有不拘一格的教师形象设计。

"尊重中学生独立人格，维护中学生合法权益，平等对待每一个中学生""乐观向上、热情开朗、有亲和力""建立良好的师生关系"等等，对照"教师专业标准"中的这些条文与要求，难道践行"人格平等、互相尊重的师生关系"的老师可以被定义为"不像老师"的吗？恰恰相反，身为校长还"屈尊"与学生一起用餐，不是"不像老师"而是"像老师""像校长"的表现！在加快教师专业化建设的背景下，教育部出台的一系列"教师专业标准"就是为了让"老师像老师"！

同样，那些患有"居高临下病"的老师和校长，给他们贴上"太像老师""太像校长"的标签并不正确，实际是"不像老师""不像校长"。他们需要认真对照"教师专业标准"和"校长专业标准"去反省、去重新设计自己的"形象标准"。

长期扎根在教育教学第一线，在繁重的日常教学和管理中还勤于思考、善于总结经验已属不易；从鲜活的教育教学案例中大胆提出新观点，更是难能可贵。对于这样有情怀、有创新精神的教师和校长，非常值得我们尊敬。与此同时，我们一线的教育工作者也要加强理论学习，把握大势，与时俱进。很重要的一点就是要把握国家的教育方针政策以及教育理论的前沿动态，把它们作为反思教学、理念创新的前提和依据。这样，既能防止"穿新鞋走老路"，又能防止"穿旧鞋走新路"。

（原刊于《中国教育报》2017年8月31日第二版"中教评论"）

且慢为"教书匠"正名

> 为师者要远离"教书匠",把教育当事业。人人都满足于当"教书匠",只把教育当职业、当饭碗是一种悲哀。

李克强总理在今年政府工作报告中曾提出,要鼓励企业"培育精益求精的'工匠精神'"。于是就有人认为,既然全社会都在大力弘扬"工匠精神",那么搞教育倡导"工匠精神"也是到时候了,而且一直作为贬义词使用的"教书匠"一词也该正名了。

本人以为,搞教育、做老师借鉴"工匠精神"可以,但给"教书匠"正名就不必了。

"工匠精神"确实值得借鉴。对自己经手的产品总是力求尽善尽美;不管客户要求高不高、急不急,自己不满意的产品决不出手;充满热忱地投入工作并陶醉其中,多少年也毫无倦怠……古往今来,无数优秀工匠身上所体现的这种精益求精、专注敬业的"执拗劲"确实值得广大教师学习和借鉴。但是,教师毕竟不属于工匠,在行业分类中,教师自古至今都不在"百工"之列。我们学习"工匠精神"是从"他山之石可以攻玉"的意义上说的。

教师有特有的职业操守和规范,"工匠精神"并不能诠释教师职业精神的核

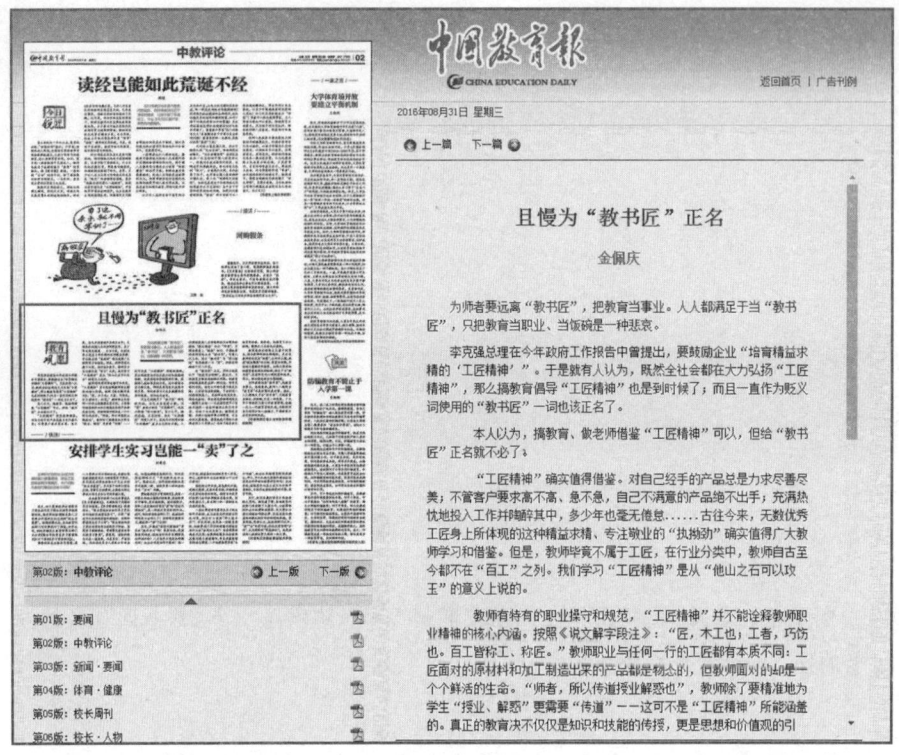

心内涵。按照《说文解字段注》："匠，木工也；工者，巧饰也。百工皆称工、称匠。"教师职业与任何一行的工匠都有本质不同：工匠面对的原材料和加工制造出来的产品都是物态的，但教师面对的却是一个个鲜活的生命。"师者，所以传道授业解惑也"，教师除了要精准地为学生"授业、解惑"更需要"传道"——这可不是"工匠精神"所能涵盖的。真正的教育绝不仅仅是知识和技能的传授，更是思想和价值观的引领，是教师人格和学养的示范。这个理自古至今都没变，哪怕是信息技术应用日新月异、传统教学方式发生颠覆性变革的未来，恐怕也不会变。

历史已经赋予了"教书匠"特定的内涵，为它正名没有必要。为"匠"者未必就有"工匠精神"，也未必都能"匠心独运"。百工之中，粗制滥造、不求创新、缺乏"工匠精神"的匠人不少，这也足以说明弘扬"工匠精神"是多么及时和必要。人们借这类匠人去形容那些只会简单机械地"授业解惑"而不"传道"、习惯在课堂上"贩卖"知识、平庸板滞的老师并称之为"教书匠"，可谓入木三分。所以"教书匠"与"匠心独运"虽然都有一个"匠",但性质却相去十万八千里。

为"教书匠"正名,实际上就是认可"把教育当饭碗"。我认为,只把教育当职业或饭碗不可取。把教育当饭碗显然是这样一种状态:职责范围内的做,职责以外的尽量少做或不做;上班时间该做的做,下班时间一到拍屁股走人,无论作业改没改完、课备没备好、学生有没有辅导的需求,一概明天再说……不是经常有中小学校长抱怨一些老师嫌班主任工作辛苦、补贴少而不愿意当;嫌学校后勤、兴趣小组辅导等工作繁琐、不自由而不愿意兼,清清爽爽只想做个任课老师上几节课么?说白了就是缺乏教育责任感、使命感。把教育只当个饭碗,敬畏之心也就无从谈起。

教育是适合理想主义者干的事业,因为教师的职业很特殊。且不说教师有没有在"传道",在传什么道,就连"授业解惑"的过程、质量和效果,外在的力量都很难监管。如果只简单地把教育看成谋生的饭碗,满足于当"教书匠",没有源自内心的热爱和追求,那么,职业倦怠就会如影相随。

为师者要远离"教书匠",把教育当事业。在我看来,教师人人都想当"教育家"不是坏事而是好事。相反,人人都满足于当"教书匠",只把教育当职业、当饭碗,才是一种悲哀。广大中小学教师只有心怀教育梦想,追随一代又一代教育家的足迹,不断提升自己的学识和人格魅力,中国教育才会有更好的未来。

(原刊于《中国教育报》2016 年 8 月 31 日第二版"中教评论")

为师不为匠

给"教书匠"正名靠谱吗？拜读了北京某教育学会会长罗×的《希望看到更多的"教书匠"》和邱×老师的《没有"教书匠"，哪来"教育家"》两篇文章，觉得有必要在《且慢为"教书匠"正名》一文的基础上，再谈点看法。

要为"教书匠"正名的还不止罗会长，更早的是当今教育界的"大鳄"，我本人比较敬仰李××老师。他不仅在2012年就发过微博，2016年在其公众号上还专门写过文章。可见为"教书匠"正名是有一定"人气"的。

如同罗会长所言，当下部分教师为"成名成家"忙于出书、论坛、课题，脱离课堂的现象确实存在；一些地方教育部门的"教育家培养工程"也助长了教师"成名成家"的焦虑感与浮躁气。比如提出三五年内本地要"打造"出多少数额的"名师""名校长"，频繁开展各种评比、竞赛，甚至降低标准等方式以确保足额完成目标。结果是一方面"名师""名校长"如雨后春笋般被"打造"出来，另一方面应试教育依然如故，学生课业负担依然不轻，区域教育依然饱受诟病。

但我坚持认为，提倡老师安心教学没有必要为"教书匠"正名；鼓励老师"不当教书匠，要当教育家"一点都没错。

"教书匠"被作为贬义词使用不仅有约定俗成的文化传统，更有其内在的逻

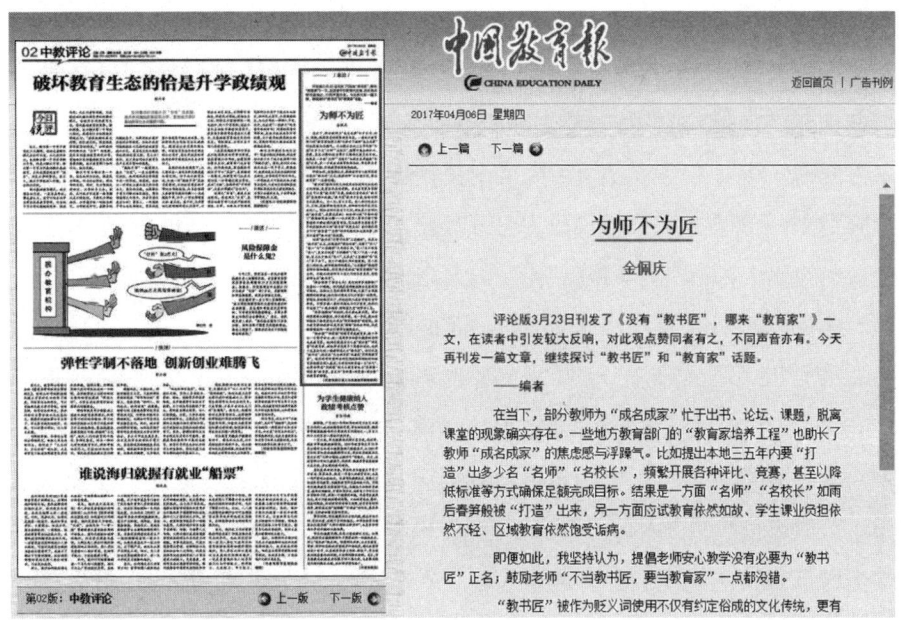

辑。正如"犬子"用来谦称自家孩子却不能直呼他人的孩子一样,美术教育家李苦禅先生可以拿"教书匠"自谦,但我们直呼他为"教书匠"显然很不礼貌。古人云:百工为匠。匠人面对的是木头、石块、皮鞋等物态的东西,老师面对的却是活生生的人。明知老师不在百工之列,却把某个老师比做"教书匠",是褒还是贬?把老师比做"辛勤的园丁"都要被学者吐槽——认为把育人等同于园丁修剪植物不符合现代教育理念,怎么视学生若鞋匠手中的皮鞋来加工的"教书匠"还要正名?我们要反思当下对"教育家""名师"的浮夸跟风和过度消费,但用不着拿"教书匠"来说事。做老师千万不要对"教书匠"情有独钟,要离它越远越好。

远离"教书匠"不等于远离"工匠精神"。热衷为"教书匠"正名,刻意进行"理念创新",混淆了"匠人""匠心"与"工匠精神"之间的区别。"匠人"未必就具"匠心",更未必就有"工匠精神";"匠人"只是一个类称,百工之中缺乏"匠心",尤其是"工匠精神"的"匠人"多了去了!这三个概念之间不能偷换。匠人有匠人的标准,教师有教师的要求。"工匠精神"很值得我们老师弘扬和借鉴,但它绝不是构成"教育家精神"的全部!不能无视老师与工匠之间的本质差异,忽悠老师去当"教书匠"。

"都当将军了谁当士兵?我们的将军指挥谁?"看似很麻烦的事情!但问题是这种假设根本没有现实可能性。在浙江义乌的国际商贸城,汇聚了全国最精明的亿万经营者。那些如过江之鲫的中外客商和4.6万个摊主有几个不想成为亿万富翁?结果呢,梦想成真的确实不少,但也仍然只是金字塔顶的那些。值得欣慰的是,尽管多数最终没能成为亿万富翁,但也过上了富裕生活。在亿万富翁梦想的追逐中,素有"鸡毛换糖"传统的义乌人尽管没能让每一根"鸡毛"都"飞上天",却就成了"小商品海洋、购物者天堂"的繁华义乌!

可见"将军指挥谁"的担忧,没必要也要不得。理论研究需要大胆假设,但不能离谱。退一步说,假如老师都成了教育家,也就不存在"将军指挥谁"的困境。因为教育家的使命不是用来"指挥"其他老师的,多数是跟普通老师一样去引领学生健康成长的。古人云:"取法于上,仅得为中,取法于中,故为其下。"假如我们老师都有教育家的梦想,并脚踏实地去实践,少一点功利与浮躁,让自己成为一个好老师总会容易一些吧!如果连个好老师也成不了,那教书总会更有激情一些吧!

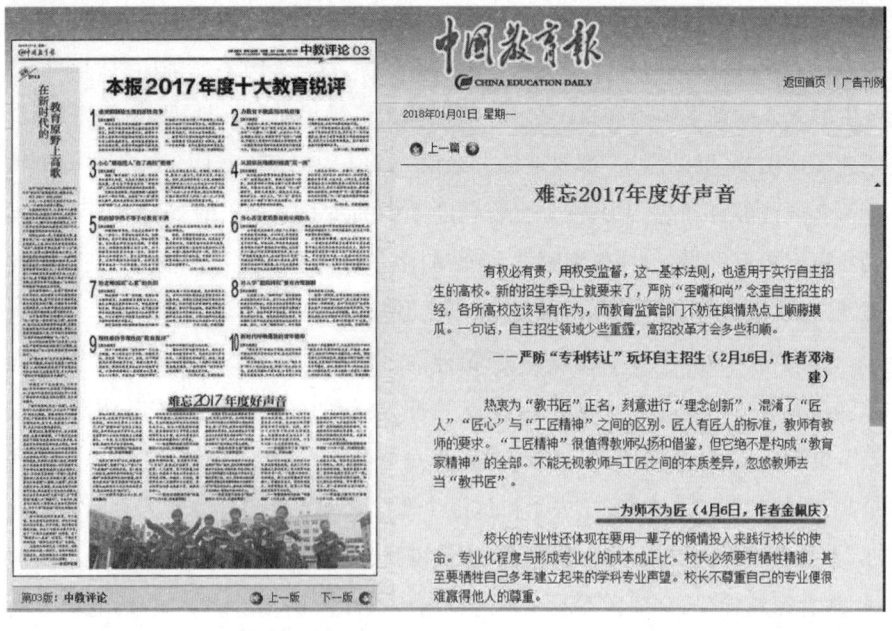

▲本文获评《中国教育报》"难忘2017年度好声音"

教育家也是有分类和分工的。"理论型""研究型"的教育家是教育家，数十年如一日坚守讲台、被一届届学生和家长膜拜的老师也是教育家。起码不能因为自己学术地位高，是"理论型""研究型"的教育家，就把那些没有多少荣誉和理论，也很少发表论文，却忠诚于人民教育事业的一线教师冠之以"教书匠"。他们不是"教书匠"，很多是"无名教育家"或者是"实践型教育家"。我们非常希望那些师范院校和科研机构的教育家能够多深入基层，让理念创新多接一点"地气"，也帮助那些"实践型"的无名教育家成为"实践型＋研究型"教育家，甚至向"实践型＋研究型＋理论型"的教育家转型。

（本文系刊于《中国教育报》2017年4月6日第二版"中教评论"的文章原稿）

相关阅读（请上网搜索下列文章题目或网址）：

李镇西：《把教育当饭碗并不可耻》http://mp.weixin.qq.com/s/ZAFXImYFykIdq1WfMyslbQ

罗洁：《希望看到更多的"教书匠"》http://www.zgshhdj.com/jydt/20170405/329138.html

邱磊：《没有"教书匠"，哪来"教育家"》http://paper.jyb.cn/zgjyb/html/2017-03/23/content_474611.htm？div=－1

家庭篇 （三）

菜园里的教育学

前几年,在楼顶的露台上开辟了一块不足三平米的菜地,种点蔬菜瓜果。春天种几株丝瓜、黄瓜、茄子、西红柿、辣椒,夏末初秋种一片绿油油的青菜。虽然早晚要给它们浇水、施肥、除草,夜间经常打着手电与啃食瓜果、蔬菜,野蛮繁殖的蚜虫、蜗牛和菜青虫等斗智斗勇,但看着它们生根发芽、开花结果,生机勃勃地将土壤覆盖上一片绿色,也是心旷神怡,养目怡情,如同做老师的看着班里的孩子们一天天懂事、一天天成长。打理小菜园不算辛苦,楼上楼下也方便,体验一下农夫的生活,收获多少并不计较。

今年种的瓜果蔬菜中,要数西红柿长势最好,一簇一簇结了不少果实,可谓硕果累累。不过,自然生长的西红柿个头长得虽快,却迟迟不肯转红变熟,至今还是青白色。

昨天,意外发现白果丛中有一颗西红柿果子透出了抢眼的红色——她熟了。怀着惊喜凑近、拨开周围的绿叶一看,竟是个又小又丑、畸形不能食用的家伙。没有想到长了这么多西红柿,久盼不熟,最早红最先熟的却是这样残疾的一颗。好不沮丧!

不过,静下心来想想也很理解。

或许是刚结果时被虫咬过,或者是被硬物划伤过,总之是非正常环境因素的干扰,打乱了这颗西红柿正常生长发育的节奏,她不再像其他兄弟姐妹那样圆润和健壮,变得又小又不规整,成了一颗残疾果。它付出了残疾的代价,才因此获得了先熟先红的机会。

作为老师,我不由自主地想到了教育、想到了孩子,心头一紧。

我们父母和老师总希望自己(教)的孩子不要输在起跑线上,让孩子上早教班、特长班、请家教,强迫孩子学这学那,千方百计想让自己的孩子比别的孩子走得更快、红得更早。结果呢,孩子在大人的催促下,终于也达到了我们大人想要的优秀,像这颗西红柿那样比别的西红柿先熟先红了。可是,在孩子优秀的背后是不是也失去了很多,比如孩子身心健康等等呢?

在此转述一个朋友隔壁家孩子的故事,不知诸君阅后是何感受。据说这个孩子从小就很听话,学习特别自觉、勤奋,是老师眼里的好学生,更是父母的好孩子,毫无怨言地配合父母望子成龙的安排。从他上幼儿园开始,父母就为他报了很多的辅导班。尤其是读初中这两年,孩子周末的状态总是一个辅导班结束立马奔向下一个,一天听课、学习长达十多个小时。假期、周末与放学回家的时间,除了吃饭、睡眠,不是在辅导班就是在去辅导班的路上。让父母欣慰的是,虽然孩子智力只有中上水平,成绩也不是特别冒尖,但属于稳稳当当能考上当地名校——县第一中学的那一类。可令父母不安的是,孩子到初二就出现腰椎、颈椎酸胀、疼痛,以至于现在不能久坐,他们不得不经常送孩子去按摩店做人工推拿治疗。

常言道:上帝对你关上一道门的同时,也会给你开启一扇窗。就孩子的成长来说,这话反过来就是一种警示:如果我们强行为孩子提早打开了一道门,上帝会不会给他关上一扇或者几扇窗呢?如果上帝不会,人恐怕会的。

教育需要遵循生命成长的节奏,需要平常心,需要慢慢来。做老师与当农夫道理是相通的吧!

2017年6月1日

孩子只读杂书不爱读经典怎么办

有位妈妈向笔者咨询:孩子对小学老师要求的经典名著都不喜欢看,尽看什么《福尔摩斯探案集》《盗墓笔记》等。父母该怎么办?要不要禁止他看那些"杂七杂八"的书?

笔者告诉这位母亲,不能强迫孩子一定要读什么书,也不要轻易禁止孩子读他喜欢的书,尽量避免在读课外书的问题上与孩子产生对立。其实,在小学生群体中,类似这名家长所反映的情况还是比较常见的。建议用笔者多年来一直推广的"搭顺风车"读书法,引导孩子爱上经典名著。

什么叫"搭顺风车"读书法?简单说就是:发现孩子很想读(买)某一本书,这本书对成长没多大好处,但除了花费一些时间也没啥害处,这时大人要适时提出附加读书条件——允许孩子读(买),但大人选的一本经典名著也必须读完。让经典名著和其他好书顺势搭上孩子读大众化、消遣性的书籍,走进孩子精神成长的空间。

节假日是小学生读课外书的最好时机,做父母的要在引导孩子读书上花点心思。平时家长应该多带孩子去书店、图书馆逛逛,让孩子泡在书的海洋里。书店逛多了,孩子自然会发现他喜欢的书,读书的欲望自然也就上来了。但孩子的鉴别能力有限,除了少数乖巧的孩子,一般不大会主动去选世界名著之类,这就需要大人适时进行引导。

　　大人这种引导要顺水推舟,而不是简单、粗暴地去横加干涉。如大人强迫孩子读什么书、什么书不准买也不要看等,那就成了逆水行舟,很容易让孩子产生逆反心理。如果孩子真的特别喜欢哪本书,只要内容不是乌七八糟特别不靠谱,大人可以允许孩子读(包括大人掏钱买)。但一定要抓住机会"搭顺风车",设定附加条件:把大人事先看中的好书(也可参考学校老师给学生开列的书单)选一本(薄的书两本)也要同期读完。当然,是不是先需换一招,假装拒绝以增加孩子获得自己意中书的难度,还是直接以协商的方式跟孩子提出附加条件,要看自己孩子的具体情况。

　　一般情形,小学阶段孩子为了得到他所喜爱的书,会毫不犹疑地答应大人的附加条件。不过,选读哪一本经典名著,也可以尊重孩子的意见。大人还要同时与孩子约定,只有大人选的书也看完了,才可以看(买)其他喜欢的新课外书。当然还要和孩子讲清楚,每一个家庭成员都要讲诚信,说到做到。孩子在读好书的过程中,家长要适时请求孩子分享读书的感受,参与话题讨论;读完后,父母可以在分享读书心得的过程中,趁势采取一些奖励措施,鼓励孩子写一点读后感——特别是当孩子眉飞色舞谈体会的时候。这样,孩子慢慢地能够感受经典的魅力,过一些时间也就会习惯去读经典名著等各种好书了。

"搭顺风车"读书法是大人和孩子之间的一种妥协、一种融合，也是一种双赢战略。记得笔者的小孩读完小学四年级的那个暑假，因为他极度渴望买到一套《冒险小虎队》（书中的藏宝地址隐藏在书后，必须借助小塑料卡片叠在上面才能显现），面对孩子渴望、哀求的眼神，作为父母很为难，于是第一次萌生"搭顺风车"读书的"战略"。结果他毫不犹豫地接受了读完厚厚的学生版（白话）《史记》上下两卷的要求。起初，孩子对《史记》也不怎么看得进去，但入门以后却迷上了这套书。后来他说，这套《史记》他读了不下5遍，一口气能背出至少300个历史人物的名字，说完还当场竹筒倒豆子一般背了一通。当然，这些名字对我来说大多数很陌生，有没有背错我也不清楚，于是半途就请他刹了车。

（原刊于《中国教育报》2017年2月27日第八版"读书周刊·校园书香"）

孩子读初中，住校好还是走读好

有家长询问：孩子小学毕业，下半年升初中，是让孩子住校好还是走读好？

笔者认为，能不住校尽量不要住校，让孩子跟父母住一起。

不错，住校有住校的一些好处。比方说，寝室里的集体生活，对于培养集体观念以及孩子的生活自理能力多少会有一些帮助；作息时间统一并有老师在监管，不用父母为就寝、起床操心；省去了上下学交通等安全方面的关注，也节省了家长每天早晚接送或者孩子自己上下学路途的时间等。

不过说实话，初中生活节奏、学习强度相对比小学甚至高中阶段都要快、要大，住宿生花在个人卫生等方面（比如洗晒衣服、鞋袜等）时间是很有限的，以此培养孩子多大的自理能力并不现实。孩子上初中后陆续都将进入青春期，自我意识、独立意识、探索周围世界甚至挑战权威的欲望都显著增强。因此，原先非常听大人话、遵规守纪的孩子，都可能会在这一时期变得不安分，出现顶嘴、不服管教等行为。这些孩子六七人、七八人挤在一个寝室，在睡眠习惯、生活方式甚至个人情绪等方面产生干扰、摩擦不可避免。一般情况下，有宿管、值周老师的管理，住校生休息与睡眠会得到较好保障，但如果遇到特别不对路的室友而自己孩子又不擅长人际处理能力，那就有可能造成孩子心情压抑，有可能睡眠反而还没在家好。

青春期是孩子长身体、长个儿的关键阶段,体能消耗大。孩子回家后,父母可以根据孩子的状况和口味调整饮食结构,精心安排早餐和夜宵的食谱,保证孩子所需的营养。坦率地说,学校食堂提供的一日三餐无论怎么讲究,客观上也很难让每个孩子满意——众口难调嘛!

少年烦才是真的烦。他们的烦恼不是我们成人想象的那么简单。走读能让父母及时了解孩子的思想情绪状况,方便家长和孩子沟通。更重要的是,对于在学校度过紧张一天的孩子来说,家庭发挥着孩子情绪平衡器、调节器和减压阀的功能。住宿意味着从周一到周五每天 24 小时在校园的围墙里过集体生活,孩子几乎就不再有私密和独处的空间,在校学习和生活中同学与师生之间大小摩擦产生的负面情绪得不到及时释放的机会,也造成了与社会特别是家庭生活的隔离。而家庭生活、父母亲情、孩子离校后相对独立自由的生活空间,会给孩子带来身心的放松、精神的滋养以及安全感。家庭教育、父母亲情是寄宿制下老师和阿姨的关爱所无法替代的。

老师有老师的职责,家长有家长的义务。让孩子在父母的陪伴下平稳度过青春期特别是初中三年的青春初期,对孩子的身心发育至关重要。以自己生意忙、不懂怎样辅导孩子等为理由,让孩子去寄宿或者托管在老师家里,对父母来说是不是一种得不偿失呢?钱是挣不完的,孩子的成长却不可能重来。如果家长自己都不能尽好父母的责任,却指望学校和老师在尽教育育人的责任以后,再额外为你的孩子尽好父母的责任,就显得有点不太现实了。

好家庭应该是丈夫的天堂、妻子的港湾、孩子的乐园,是家庭成员精神最放松的地方。但这是以孩子拥有一个温馨的家庭作为前提。当然,如果自己的孩子很独立,内心很强大,非常喜欢去学校寄宿,那又是另一回事。

2018 年 7 月

叫停"家长作业"不仅是给家长"松绑"

近日,一则浙江金华金东区实验小学让家长告别检查作业,不再让家长为孩子作业签字的消息在朋友圈中被刷屏,社会反响也非常强烈。从公众舆论来看,此举得到了网民和家长的普遍赞同和支持。

近几年,在教育部门轰轰烈烈推行新课程改革,大力实施素质教育、减轻学生负担的进程中,不知何时开始,家长竟慢慢成了学校老师"助教"。家庭作业演变成了"家长作业",作业种类也从检查作业并签字、帮助孩子背诵诗文,拓展到记录低年级孩子讲故事、制作手抄报、完成小制作以及参与投票点赞等等五花八门。随着电子通讯技术的发展,老师利用家长QQ群、微信群布置家庭作业、实时播报作业进度、反馈作业评价,家长被裹挟着参与其中,绝大多数家长疲于应付、怨声载道。

从教育教学规律上看,检查作业、发现孩子作业中的错误并督促其订正应该是老师的职责,是一项专业的事情。大多数家长并不具备这样的专业水准,有条件胜任也不一定有时间。强迫让家长当"助教"不仅令家长勉为其难,也触及了教师基本的道德底线,让家校关系变了味,这也是当今师德师风受到社会非议的一个重要方面。因此,这所学校叫停"家长作业"之举,勇气可嘉,值得点赞。

耐人寻味的是,学校叫停"家长作业",让老师和家长的职责归位,这原本类

似于"不拿人家东西""不要踩踏草坪"的基本常识和规范,缘何偏偏就成了热点新闻?可见当今学校布置"家长作业"、让家长当"助教"乱象之盛行,绝不限于一校、一区、一省,已经成了教育领域的一大公害,可见社会上对这一教育乱象的"吐槽"有多么强烈。

其实,早在2015年底浙江省教育厅就下发了《关于改进与加强中小学作业管理的指导意见》,就作业控制问题做了全面、具体的规范和要求。与此同时,该教育行政部门在听取一线教师和学生家长对作业的意见和建议的基础上,还梳理了《容易加重学生和家长负担的作业例举》共计11类问题作为"附件"与"指导意见"一并下发,相当于在家校关系处理上给学校老师开出了一份省级效力的"负面清单"。且不说老师布置作业之类的问题为何还要省级教育行政部门专门下发"指导意见",更令人不解的是这个"指导意见"的下发没有成为新闻,而这所学校的一则叫停"家长作业"的公约就成了热点新闻?可见中小学(主要指义务教育段)家校关系错位之深、老师与家长职能倒置之甚,社会对治理家庭作业演变为"家长作业"的乱象有多么渴望和期待;可见如果仅有顶层设计,叫停"家长作业"光停留在文件上、口号上而没有落地仍然于事无补。这就需要更多的学校切实行动起来,清除让家长当"助教"的顽疾,正本清源,重建健康、科学的家校关系。

需要提醒的是,叫停了"家长作业"并非就是给家长"松绑"那么简单。学生是完成作业的主体,教师是设计和评价作业的主要责任人。对学校老师来说,叫停了"家长作业"意味着要精选家庭作业内容,明白"己所不欲勿施于人"的道理,给自己减轻作业批改负担的同时切实减轻学生课业负担;意味着要通过加强对作业批改信息的收集和反馈,发挥作业的教学诊断和改进功能,让备课真正做到既备教材又备学生。对家长来说,意味着"自己的事情自己负责、家庭重大问题平等协商"这一现代家庭生活准则的重建;意味着明白家庭教育重在培养孩子良好的习惯,让孩子学会做人,关注成长而不限于关注孩子作业的对错、分数的高低,真正当担起孩子"第一任老师"的职责;意味着懂得比起学校教育,家庭教育方法最大的区别在于身教重于言教,要身先垂范,让孩子成为一个有教养的人。因此,叫停了"家长作业",家长还需适当督促孩子自主完成和检查作业,当然更多的还要与孩子一起运动、逛书店、郊游等等亲子活动,而不是对孩子放任不管,自己转身去搓麻将、玩游戏。

(原刊于《中国教育报》2017 年 9 月 20 日第二版"中教评论")

家长对考级考证不妨佛系一点

近些年,社会上面向青少年儿童的考级考证热大有愈演愈烈之势。古人云:"事出反常必有妖。"究竟谁是这"考级考证热"背后的推手?一些利欲熏心的校外兴趣班与考级机构的举办者恐怕与此脱不了干系。他们利用当今家长较为普遍的升学焦虑,精心编织"培训、考级、升学"的"一条龙""业态设计",打着"国家认证""升学加分"的旗号,鼓动、暗示家长不惜财力为孩子争取"升学优势"。于是乎,兴趣培养变了味,考级演变成了"拷级"。枯燥乏味、机械重复甚至死记硬背的考级考证"集训化"课程像"镣铐"一样锁住了原本天真烂漫、自由挥洒的童心,捆绑了孩子们的兴趣爱好。为了真假难辨的"升学加分",家长也疲于应对。

为了提升素质、激发潜能、发现特长,家长在学前阶段或中小学阶段完成学校课业之余,安排子女参加跆拳道、美术、声乐、器乐、棋类等等兴趣班、辅导班学习,其出发点没有错。在兴趣班、特长班的学习过程中,参加一些行业、学科的考级考证,既是对孩子的学习水平、技能掌握程度的一种检测和考量,也是对孩子的鼓励和肯定。但是,作为家长必须明白一个简单的道理:物极必反,过则为灾,凡事都应有个度。

兴趣是最好的老师。家长送孩子参加兴趣班,激发孩子的学习内驱力、主动性才是最重要的。通过频繁考证考级等方式外在施压,可能会事倍功半甚至适

得其反,学习兴趣和学习效果反而下降。人正常的学习与备考、应考状态下的学习两者之间在学习动机、学习方式和心理负压等都有很大的差异。频繁参加各种考证考级让家长多掏各种考务费、测试费、集训费自不必说,还会中断甚至打乱原有的学习进程,对孩子眼前兴趣特长的培养和未来的发展不见得有利。

社会艺术水平考级等一些行业机构组织的考证考级本意是一种素质教育量化的标准,考级是老师教与孩子学两个方面水平的一种检验。但是目前组织考级考证的机构鱼龙混杂、良莠不齐。以"升学加分""择校优先"为诱饵,变着花样让考生和家长陷入考级考证的"混战"的局面下,不仅孩子拿到的等级证书到底能否证明教与学的水平是个问题,届时能否获得升学加分也很难说。况且,即便是正规的社会艺术水平考级之类也只是业余性质的考试,而不是专业性考试,与专业院校、专业竞赛的测试不是一回事,无论是让孩子业余学习一点才艺,还是今后在专业方向上发展,为考级而考级实在没有多大意义。

笔者以为,作为父母在对待孩子考级考证问题上不妨"佛系"一点。这并不是笔者"站着说话不腰疼"的路人心态,而是提醒家长要在考级考证等问题上擦亮双眼、理性应对,自己把心态放平。

《论语》云:"君子务本,本立而道生。"作为"八零后""九零后"为主的现代父母,大多有较高的学历和文化知识水平,对子女的教育问题也更加重视细节。但需要反思的是:家庭教育的初心是什么？基本的目的和宗旨是什么？家庭教育理念摆端正,大方向不偏离很重要。父母让孩参各种兴趣班和考证考级,完全没有"升学焦虑"也许做不到,但"虚荣心""盲目攀比"的心态一定要不得。父母为孩子的一切付出最终是为了让孩子成为最好的自己,而不是要让孩子成为父母所设想的那个人,更不是让孩子去帮父母实现当年自己未曾实现的梦想。"技多不压身"也许没错,但处在长身体阶段的孩子,考级考证过于频繁,孩子身心俱疲,恐怕就会被"压身"甚至"压垮"。即便是一些孩子主动要求参加各种考证考级,父母也要多留一个心眼,看看孩子是否真的具备相应的实力,是否在学习的过程中受到辅导老师、同伴的影响而带有盲目性、功利性。

确立立德树人、全面发展的理念并不只是学校教育的事情。中共中央、国务院在《关于深化教育教学改革全面提高义务教育质量的意见》中强调"家长要树立科学育儿观念",要重视"培养孩子的好思想、好品行、好习惯,理性帮助孩子确定成长目标,克服盲目攀比,防止增加孩子过重课外负担",值得家长们好好品味。

(本文系刊于《中国教育报》2019年8月2日第二版"中教评论"的文章原稿)

当你处在恋爱到婚姻的转折点
——父亲给儿子的信

  本文系工会"一封家书"之征文,素材源自酒后之某君。据称,其娓娓而道之"婚恋说",如醍醐灌顶一般曾为女儿拨云见日。闻说已颇有时日,详情渐忘,惟存大略。适工会征文,倾力追忆并易女为子,略加修饰,缀成此文,以交作业。

儿子:
  远离父母的生活不容易吧?自己照顾好自己。昨晚妈妈跟你微信视频的时候,老爸本想接过老妈手机跟你谈谈年轻人的婚恋问题,但想想这个事情还是用书信的方式比较合适,显得郑重其事一点。
  "自己的事情自己做主""家里的事情大家参与决策"一直都是我们三口之家共同遵循的基本准则。从小开始,对于你心智、能力所能及的地方,老爸都放手由你自己做决定。对于你的婚恋问题爸妈也一向坚守"儿子喜欢,我们就喜欢"的原则,相信你最终的选择一定是天作之合。但老爸觉得,由恋爱走向婚姻是人生的一个重大转折点,一旦你处在这样的转折点,你就需要在非常清醒、冷静的情况下,追问自己两个问题:
  第一,对方真的适合跟自己一辈子相厮守吗?
  假如跟她生儿育女、一起面临油盐酱醋等的现实生活,会是你满意的选择吗？恋爱时情投意合、如胶似漆是一回事，婚后能否做到家庭美满，小日子过得风调雨顺可能又是另一回事。你要从结婚的视角重新去审视一下对方，做一个总体评估。相恋时情趣相投，会不会成为婚后的单调乏味？相恋时性格互补，会不会成为婚后的性格不合？有时候还真不好说。但结婚就意味着双方都要一辈子不离不弃，哪怕有再大的困难都要同心协力去克服，而且你的付出必须是值得的，而且是"超值"的，也是心甘情愿的。

客观上讲，在完全不同环境下长大的两个人，要相守一辈子，各自总要付出一些代价和牺牲。这些婚姻的代价是什么，在哪些地方，值得吗？对方有哪一些非原则性的小癖好甚至小毛病，在对方自愿放弃或改变之前，你能始终包容吗？老爸不仅希望你，也希望对方也严肃认真地做个评估。哪怕评估不能百分之百到位，提前有个心理准备对婚姻健康有好处。

第二，结婚还意味着各自都要接纳对方的整个家庭成员甚至社会关系，自己能做到并融入其中吗？

恋爱是两个人的事，但婚姻就可能不止是两个人的事。坦率地讲，这一点女方可能更难一些，但你也必须重视这种融入和接纳。老爸希望你在对方所有的亲友面前都能展现君子风度和男子汉的宽厚胸襟。如果你意识到这个问题，也会有助于提升未来婚姻的美满度。如果不能做到"爱屋及乌"，那要么你并不是真正爱对方，要么你的个性修养还需要提升。

男大当婚，女大当嫁。如果你遇到一个心仪无比的女孩子，经过一年半载或更长时间的爱情长跑，最终到了要决定是否走向婚姻殿堂的关口，请用你理性的慧眼慎重评判一下：属于水到渠成、瓜熟蒂落还是……老爸老妈在一旁静静地观赏，坚信并配合你的抉择。

多年父子成兄弟，但老爸这次谈及的问题，你可要当一回事哦。

祝：工作顺利，爱情甜蜜！

父亲

2019年5月24日

嘿！这是我自己的人生

"有些弯路必须走！那才是他自己的人生。"一个周末，老爸与好友王叔叔在客厅里聊天时，突然高声打断了王叔叔的讲话。

当时，我正斜躺在房间里休息，门外客厅里他俩交流的声音清晰可辨。原来是王叔叔感慨他儿子的叛逆，因为不听自己的良苦劝慰，儿子走了不少弯路。王叔叔说，闹心的是，当初他儿子不听他进机关捧"铁饭碗"的安排，说那太没意思，硬要去自主创业。结果不仅创业失败，还找了一个家境一般的女友，对父母推荐的一个个家境优渥、才貌俱全的女孩全都不予理会。

而我爸的回应让我吃惊。也许是印象太深了，所以一看到今年浙江省的高考作文题，我马上想起那天我爸斩钉截铁的男中音。

从呱呱坠地到学校组织的高考动员大会，再到18岁成人仪式，我们慢慢长大了。随着思维的不断成熟，我对自然、社会尤其是对自我，逐渐有了深入思考。"我是谁？我从哪里来？我要去哪里？"这三个人生哲学问题，考生在刷题之余想必也会显现在脑海里。高考结束以后，选什么专业，上什么大学，未来的职业理想等，我们都不得不面对。现实来看，在高考中发挥如何、全省排名多少，某种程度上会影响人生的坐标。

但不管期待的结果与现实的落差有多大，对未来的美好期望不能受制于一

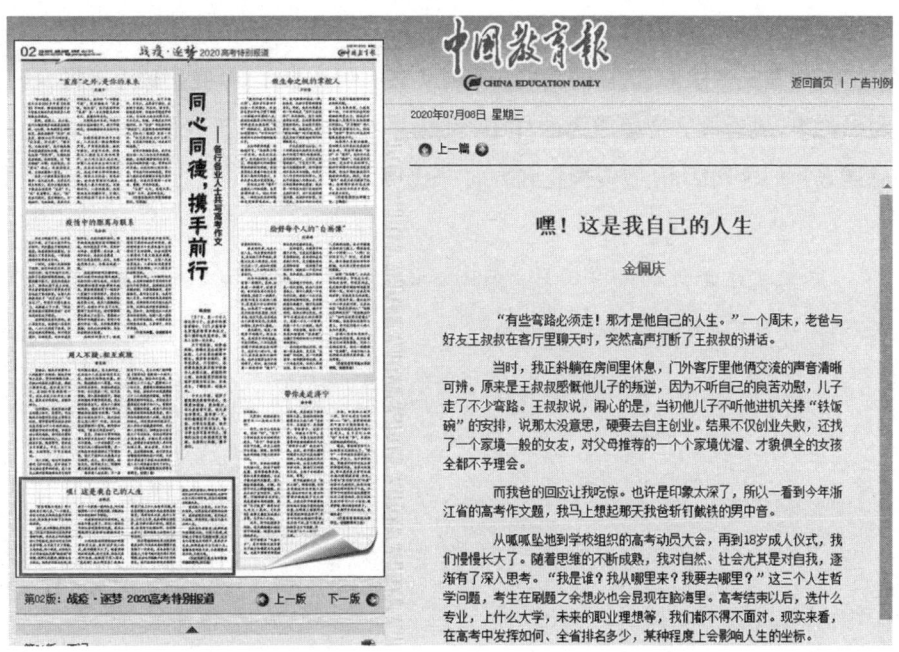

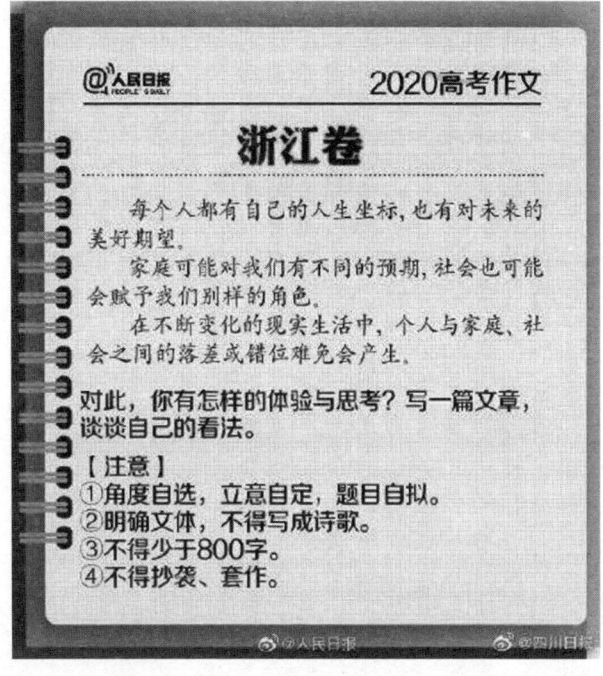

次考试。在未来的人生道路上,父母可能对我们有不同的预期,社会也可能赋予我们不同的角色。我们应该分析这些期待与建议,但不应盲从,哪怕自己的梦想完全不符合他们的期待,也要听从自己内心的呼唤,用自己的判断去把握未来。

看成败人生豪迈,大不了从头再来。如果在追求理想的过程中,最终被现实打脸,我们也不必后悔,毕竟那是一段自己奋斗过的人生。

或许在长者眼里,这样的我们显得有点狂。可那又怎样,我们致力于做自己想做的事,成为自己希望成为的样子,虽然并不完美,但那是我们自己的人生。感谢老爸的这句话,让我慢慢找到方向,无怨无悔。

(本文系作者于2020年7月7日浙江语文高考当天模拟考生所写的场外作文,刊于次日的《中国教育报》第二版)

社会篇 四

普通教师相继成"网红"的启示

早春时节,浙江义乌的菁菁校园,可以说生气勃勃、温情涌动。前些天,稠州中学丹溪校区金晓珍老师紧急家访救下学生一家四口的善举,感动了乌伤大地,也感动了大江南北;紧接着,苏溪镇第三小学"90后"女班主任老师陶亚玲,产假前手写给接班老师的"班级工作备忘录",又给义乌大地吹来一股暖流,再一次引发社会的强烈关注。

又是交待"班主任工作",又是嘱咐"语文方面"和"数学方面",这份长达九页的班级工作注意事项,平凡而真切地展现了陶亚玲这名入职才六年的乡村女教师对学生高度负责的精神以及周密、细致的业务素养,也让她意外地成为义乌又一个"网红"教师。

短短几天时间里,义乌两名教师连续成为"网红",是不是还会继续出现第三、第四个?或许还会有,但我想即便有也不大可能频频出现。因为我们通过对这两位教师的故事明白了,平凡才是教师这个职业的本色,教师能够成为"网红"只是一种偶然,一种意外。

我们无需去期待是否还会继续出现、什么时候再出现"网红"教师。从金晓珍、陶亚玲两位老师的故事中,我们已经读懂了做老师的平凡和伟大,这已经足以让我们感到欣慰。而且,网民对两位"网红"教师报道后的数千条跟帖留言中,我们也可以更加真切地相信,当今教师队伍中像金晓珍、陶亚玲这样平凡中见精神、琐碎中见功力的老师有很多很多,她们代表了教师的绝大多数。正如有位网民看完陶亚玲老师的报道后留言:"其实大多数老师都是这样做的,有些是当面交代,有些是电话联系,有些则是文字留言,只是没有告诉别人而已。我相信陶老师自己也觉得这仅仅是她的一份责任,一丝牵挂。"人心都是肉长的。当平凡、琐碎且不为常人所知也不为我们留意的教师工作状态,因为金晓珍的日常晨检和陶亚玲老师的产假而意外地浮现在大众特别是家长面前的时候,人们为之动容无疑是情理之中的。这两位青年教师成为"网红"的意外,对于推进家校之间的理解与合作、全社会尊师重教风尚的回归,有着十分重要的意义。

两位"网红"老师的暖心故事虽然发生在不同学校、成为"网红"的事由也不同,却有一个显著的共同点,那就是"专业"——她们的行动体现了作为教师很强的专业性。

春江水暖鸭先知。从金晓珍、陶亚玲两位教师身上,我们可以感受到当今中小学教师队伍专业化的气息。

"善之本在教,教之本在师。"习近平早在2013年9月教师节致全国广大教师的慰问信中就强调:"百年大计,教育为本。"正因如此,教育部从2012年开始相继印发了《小学教师专业标准(试行)》等多个"教师专业标准",开启了我国教师队伍的专业化建设的大幕。经过几年的不懈努力,教师队伍的专业化水平有了明显的提高。这让我们感到欣慰的同时也提醒我们,一直以来似乎很熟悉的教师工作,其实是一项专业性很强的工作。我们不能抱着"其他我不太懂,但对教育我还是可以说两句的"心态看教育,随意去指导与指责;作为家长在积极配合学校、配合老师的同时,还要努力学习,提高家庭教育水平,与孩子共成长。

原刊于2018年3月22日《浙中新报》

教培行业要挠在客户的痒处

日前,多家机构联袂在京举办主题为"重启行业信心"的教培行业思享会。活动邀请多名教育专家学者、企业家代表、资深媒体人、知名律师等,共同探讨教培企业的发展之道。会议达成的一项共识是,教培机构的未来很大程度上取决于能否提高课程质量和服务品质,让学生及其家长实实在在受益。

新冠肺炎疫情确实给我国教培行业造成很大影响。一些培训机构门前冷落、艰难维持,有的甚至倒闭、跑路。但笔者在走访中发现,同样有一批教培机构在当地疫情缓解之后迅速发力,生源充裕,人气很旺。一家专业从事少儿思维培训的连锁培训机构,课程续费率超过90%。面对这冰火两重天的局面,笔者以为,即便没有疫情冲击,教培市场同样面临着优胜劣汰的洗牌,只不过疫情突然加速了一次洗牌的过程,让不能适应环境变化者快速被淘汰出局。适者生存,教培机构要化危机为机遇,求生存谋发展,固然需要在强化内部管理、优化培训环境等方面下功夫,但增强质量与品牌意识,提升服务水平,提高课程的科学性、实效性,让课程设置、培训内容与市场需求无缝对接,真正满足客户的需求,挠在客户的痒处才是关键。

注重质量与品牌,体现了教培机构与从业者对教育规律特别是对青少年生理、心理成长规律的理解与把握。与学校一样,教培机构也一样需要正确理解与

把握党和国家的教育方针政策,确立立德树人、德智体美劳全面发展和符合现代社会发展对人才需求的办学理念。

坚持学生立场,需要教培机构与从业者更新教育观念,突出学生的主体地位。注重课程的功能与实效,立足于提高学生综合素质、培养核心素养、开发与实施能够适应各自年龄段需求、激发学生学习兴趣,并能产生高峰体验的课程,获得学生及其家长的认同。

有教培机构认为,在市场不景气、企业纷纷开展自救的情形下,谈教育观念更新是不切实际的。此说看似有道理,实则目光短浅。教培机构也是教育机构,承担着智育和德育双重职责,而提倡开发参与式、对话互动型培训,增强教学的趣味性、体验性、可视性、透明性、获得感,能让学生在培训过程中感受到乐趣,发展自信与综合能力。

学校教育、家庭教育、社会教育组成了三位一体的生命教育体系,作为教培行业,也应显示出自身独特的存在价值。那些只满足于提前开展文化课教学或者帮家长照看孩子、帮学生完成学校布置的知识性的刷题任务,沦为题海战术、应试教育帮手的教培机构和从业者,即便不是被淘汰出局,也只能被压在教培市场的金字塔底部而步履维艰。

无论是面向成人还是少年儿童,无论是补差还是培优,我国教培市场的盘子都前景广阔。即便是当前面临经济下行压力和疫情叠加的影响,其发展空间依然潜力无限。只要找到自己的切入口,保持努力,曙光一定会在不远的前方出现。让教培行业健康有序发展,地方政府也应有所作为,创造条件,给予政策支持,营造良好环境。比如,适当给予教培企业减税免税,支持教培机构开展自救,共克时艰;比如,进一步打击教师违规办班带生行为,坚决查处无证无照的培训机构,等等。有效的监管与有力的支持并重,加上教培机构不断树立精品意识,校外培训市场有望发挥更大的积极作用。

(本文以《教培行业的未来在优质服务》为题刊于《中国教育报》2020年7月7日第二版"中教评论")

不能任由谣言消耗公共资源

近日,网传徐州一位家长手持写有"教啥啥不行,叫家长第一名"的锦旗高调送给老师的新闻上了热搜。对此,徐州教育部门迅速做出反应,经过多方核实后于12月6日发布声明:所谓《徐州奇葩家长因给老师送特制锦旗而走红》的视频内容纯属虚构,给徐州家校共育造成不良影响,对于造谣传谣者将依法依规进行处置。

排查表明,在微信群、QQ群等渠道海量传播的有关视频中,所谓的徐州市天翔小学并不存在,徐州市范围内也没有名为赵西海的老师。真相面前,谣言不攻自破。但是,这则家长给老师送消极锦旗的不实消息不仅"消耗"了大量网民的精力与流量,让众多网民上当受骗,而且给家校共育造成负面影响,也浪费了教育部门大量的人力、物力资源。对此,警方提醒:利用互联网制作、复制、传播不实信息等,扰乱社会秩序的,都属于违法行为。该视频的制作者僭越了社会行为的边界,给家校关系和社会稳定造成了负面影响,不仅应当受到公安机关的惩处,更应在道德伦理层面受到谴责。

不过,回顾家长送讽刺锦旗这一谣言的"出笼"以及社会反响的剧烈程度,也很值得当地教育部门以及每一位中小学老师思考和审视,从中吸取一些经验教训。

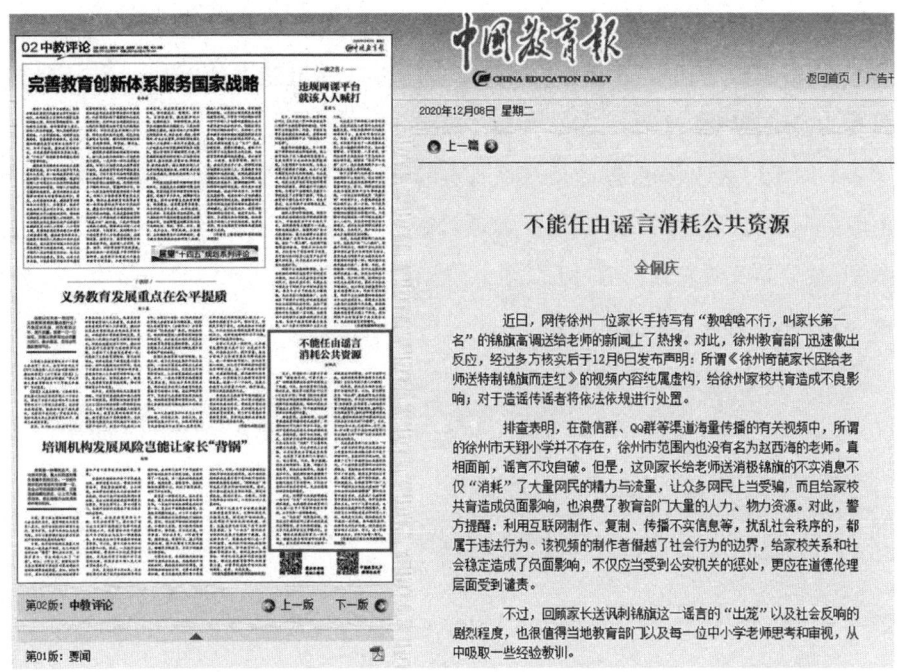

从"马后炮"的角度分析,现实生活中遇到老师让家长批改家庭作业等情形,家长纵然有情绪,大多也只是在背后发发牢骚而已。当然,媒体也披露过有家长一时冲动、情绪失控当场怼老师的情景。但是,家长花时间和精力去制作一面讽刺老师的锦旗,公开与老师叫板,这样的新闻事件能有多大的真实性,当初为何就少有人怀疑呢?

近年来,家校关系确实出现了一些不和谐的声音,比如,家长群变身为"作业群",家庭教育成为学校教育的延伸。原本应以进行生活教育、生命教育、生存教育、人格培养为重心的家庭教育却被学校、教师卷入文化课教育中,接收老师布置的家庭作业、督促和批改孩子的家庭作业成为很多家长每天的"必修课"。为此,自2018年以来,已有浙江、辽宁、海南、河北等10多个省份的教育部门出台相关文件"叫停"让家长批改学生作业的做法。

无论是教育部门出台禁令"叫停"让家长批改学生作业,还是社会上呼吁老师不要动辄让家长干这干那,其最终的实效如何,还要靠广大中小学教师去认真落到实处。广大教师要自觉强化法治和纪律观念,深刻领会新时代教师职业行为十项准则,提高自身的法治素养、规则意识,提升依法执教、规范执教能力。各级教育部门和广大中小学教师应当把这次虚构的"家长给老师送讽刺语锦旗"事件作为警示教育素材,尤其是广大教师要坚守家校关系的底线,维护良好的家校关系。对于广大家长来说,也要从徐州这起事件中得到警示,意识到自己和学校有着共同的育人目标,绝非是对立面;假如家校关系中遇到一些问题,要和相关教师、校领导及时充分沟通,切忌通过不恰当的方式发泄、夸大,进一步损害家校关系,否则只会害人害己。

(原刊于《中国教育报》2020年12月8日第二版"中教评论")

莫把求职难都归因为"鄙视链"

最近有媒体报道,有大学生发文,把数十次投递简历均遭用人单位忽略或拒绝的原因归结为自己"二本"院校的"出身"。

所谓的"鄙视链"在现实中确实存在,但大学毕业生把自己求职难归因于"鄙视链"却失之偏颇。说就业难,名校毕业生也难,因为作为毕业生个体来说,尽管招聘岗位眼花缭乱,但某个时间段适合自己并且薪酬、工作环境等令人满意的岗位并不多,竞争也很激烈。因此,普通院校的毕业生不要形成所谓"鄙视链"的思维定式,真正决定就业和未来发展的是就业观、人才观和对自己的定位。

表明上看,一些企业在招聘过程中存在"名校情结""学历歧视"等观念,但事实也并非那么简单。就业岗位并不多,面对雪片般的求职简历,为了在招聘中提高效率、择优录取,采用学历作为进入门槛之一,虽然过于简单却合乎企业自身的法则。也有一些企业看重的并非是一张名校文凭、一个漂亮头衔,而是文凭背后的能力预期。

因此,大学毕业生需要转变观念,首先不要以为修完四年的大学课程,取得了本科文凭就是某个专业的人才,就应该进薪资高、条件好的企业甚至国企央企。真正的人才是在实践中磨炼出来的。求职时应重在岗位的匹配和适合,不妨从基层做起,积蓄能量。一个人在岗位实践中真正练就了本事,干出了业绩,

何惧什么"鄙视链"。

从整个就业形势看,大学生就业难与企业招工难并存。据前些年相关部门公布的一份调查报告,我国劳动力市场技术工人、高级技术工人严重短缺。"技工荒"的现象也启示我们,造成大学生就业难的,最主要因素在于自身在专业能力、实践能力上还没能达到企业的要求。

大学毕业生要成为企业所需要的人才无非两种途径:第一种是从踏入大学之门的那天起就奋发努力,注重实践与应用,让企业招了就能用;第二种是毕业后在工作岗位上培养和磨炼。学历并不决定一切,能力和水平才是硬道理。请相信,"是金子总会发光的",英雄不问出处的传奇时刻都会在职场发生,但传奇的背后,是贴地而行、脚踏实地的艰苦磨炼。

(原刊于《中国教育报》2018年1月31日第二版"中教评论")

美丽中国需要垃圾分类新时尚

习近平总书记近日对垃圾分类工作作出重要指示。总书记指出,推行垃圾分类,关键是要加强科学管理,形成长效机制,推动习惯养成。要加强引导、因地制宜、持续推进,把工作做细做实,持之以恒抓下去。

总书记曾在不同场合多次倡导并赞扬垃圾分类,称这项工作是"新时尚"。总书记对垃圾分类工作的系列指示和明确要求,提高了对垃圾分类工作的认识站位。垃圾分类看似家庭和个人生活上的"小事",实则关系到广大人民群众的生活环境,关系到资源节约使用的"大事",也是社会文明水平的一个重要体现。推行垃圾分类,促进垃圾减量化、资源化、无害化,减少垃圾对环境、对人民群众健康的损害,对于不断满足人民日益增长的优美生态环境需要意义重大。

实施垃圾分类正当时。如何降低垃圾总量,提高垃圾的利用率,减少垃圾处理不当造成的危害,成为我们当前面临的严峻问题。近些年,随着持续不断地开展环境教育,老百姓保护环境的意识也逐步加强,"垃圾是放错地方的资源""循环利用、变废为宝"等观念也逐步被理解和接受。在还没有实施垃圾分类制度的情况下,一些家庭自觉将剩菜剩饭等厨余垃圾与其他垃圾分开投放。故而实施垃圾分类具有一定的群众基础,相对来说也比较容易为广大人民群众所理解和接受。

但我们也必须看到，要转变长期以来盘踞在人们心中"垃圾就是拿来扔的""垃圾处理是环卫工人和环卫部门的事"等习惯思维，确立垃圾分类的观念，主动参与垃圾分类并养成垃圾分类习惯并非易事。在某种意义上，可以说是一场对待垃圾问题上落后的认知到"时尚"观念的革新和转变，是一次垃圾分类投放知识和操作能力的学习提升，远而言之还有助于国民基本素养和良好习惯的养成，需要广泛、深入、持久地开展教育与引导；在某种意义上，这也是一场艰巨斗争、一个系统工程、一项科学事业。在推行垃圾分类这项事业中，没有人是旁观者，学校教育部门更是责无旁贷。

广大中小学要深刻认识实施垃圾分类的长期性、永久性，自觉将垃圾分类纳入学校教育范畴。要立足长远，循序渐进，防止宣传教育活动落入口号式、运动式的窠臼。学校可以将垃圾分类列入校本课程开发、综合实践活动的选题；可以通过音体美课程和实践活动，以各种喜闻乐见的艺术形式表达垃圾分类的重要性必要性；可以从青少年思想道德建设和行为习惯养成、道德素养提升的高度，开展垃圾分类的教育引导，把参与、支持垃圾分类作为一种善行、一种美德，更是依法、守法的表现；按照推行垃圾分类的新形势、新理念、新要求、新做法，可以对原有的环境教育课程进行扩充和修订,增补相应的内容;可以把垃圾分类的教育引导与劳动教育结合起来,鼓励中小学生在参与家务劳动过程中成为垃圾分类的宣传员、指导员、监督员和操作员,提升家务劳动的质量和品位。

广大师生要积极做好社会群众推行垃圾分类的教育引导。通过家委会、家长会,通过组织师生走进社区开展综合实践活动等做好宣传教育,上好"垃圾分类课"、讲好"垃圾分类故事",让社会群众掌握精准分类投放垃圾的知识与能力;在科普垃圾分类知识的同时,还要通过生动活泼的教育方式,让居民深入了解垃圾处理可能产生的环境污染和对身体健康的危害,增强社会群众做好垃圾分类处理的自觉性、主动性。

当前,实施垃圾分类相关的法律法规和政策,相关机构的设置都已经到位,需要的就是政府机关、企事业单位、社会群众等各司其职,真抓实干,把垃圾分类工作做细做实,持之以恒抓下去。要循序渐进,避免老百姓在前端做了垃圾分类,却因终端设施不完善或管理不到位等原因最终又把垃圾并在一起清运和处理等伤害人民群众积极性的情况发生。

(原刊于《中国教育报》2019年5月6日第二版"中教评论")

跋

于我而言，出书之前首先要考虑的问题是：这本书对读者会有帮助和启迪吗？

我想，作肯定的回答应该是没问题的。收入这本书的58篇文章，有38篇曾在《中国教育报》上发表。其中不少文章甫一发表即被"人民网""新华网""光明网"等各大网站转载，点击量也不低。比如《打好中学生睡眠保卫战》在该报"中教评论"专版发表后，随即被"人民网"手机客户端以《中国孩子的睡眠哪儿去了？打好中学生睡眠保卫战》为题转载，周点击量29万多。《孩子只读杂书不爱读经典怎么办》2017年2月27日在该报"读书周刊"发表后，除了正规媒体署名转载，还被抹去原作者名字、陆陆续续出现在某些"名师工作室""校长工作室"以及教培机构的网页上。半个多月后，某地方党报旗下的晚报副刊竟臆造成"一小学语文老师"（本人是中学政治老师）的"建议"，在头条位置编发该文，还配了插画（见附图），真是气不打一处来。在30多年从事基层教育和宣传文字工作过程中，"敬畏文字"一直是我坚守的信念。如果有时间，对自己的稿子总会一遍一遍不厌其烦地去修改。

2015年，我用五年多时间撰写的第一本教育专著《寻找做老师的感觉》正式出版。该书比较系统地与读者分享了自认为做老师应当关注的教育常识与基本

▲某晚报臆造"一小学语文老师"的建议编发本人原创文章

的为师之道。这是对自己业余从事教师专业发展思考、研究的一次小结,也是自己教育思想的一次梳理、归纳与提升。从26000册的发行量以及诸多读者的反馈来看,这本书在某种程度上得到了读者的认可。该书的顺利出版,为进一步思考基础教育改革、探索教育评论写作增添了勇气,也为自己提供了写作的基本立场和理念支撑。同时,随着对教育的不断追问与思考,发现尽管《寻找做老师的感觉》这本书在时光的磨洗中依然会有它存在的价值,但对个人教育思想的建构还有值得完善和丰富的地方,特别是关于教育专业化问题。而这本集子基本上可以弥补这一欠缺。因为该集子是在《寻找做老师的感觉》基础上对"为师之道""教育之道"的继续"寻找",故而将其取名为《寻找做教育的感觉》。

这本集子的出版与《中国教育报》非常有渊源。平时结合社会热点和新闻事件写点评论以针砭时弊,算是自己表达社会责任感的一种业余爱好。但近五六年之所以教育评论写得比较多一点,缘起于2015年6月的一次《中国教育报》浙江通讯员会议。该报副总编张圣华先生在会上特别介绍了《中国教育报》改版后推出的"中教评论"专版,鼓励各位通讯员勇敢去挑战这块新高地。他这番激情四射的讲话让我有血脉偾张的感觉与跃跃欲试的冲动。《中国教育报》不仅辐射全国,也是距离教育部官员和国家领导人最近的教育媒体。借这个平台传递我们义乌教育的声音以及作为一名草根教师的思考，值得我一试，一扇窗户由此打开。

收入本书的40多篇曾公开发表的文章中，教育评论占了绝大多数。评论作为一种文体，个人认为其价值与生命力就在于针砭时弊。据说当年那位农民出身、始终戴着白头巾的领导人曾说过："优点不说跑不了，缺点不说不得了。"教育事业的健康发展也是如此。但在写作的过程中我感觉到这两年发表批评文章越来越难，故而评论写作的热情也有所消退。某种意义上说，这本集子是对自己近五年来专注于为《中国教育报》撰写教育评论的一个小结。受报纸版面的限制，这些评论文章见报时大多限制在1400字上下。文章经过名报编辑的删改润色，固然更趋简练扼要，但也不免有意犹未尽之憾，所以个别篇目仍用原稿呈现。

本人与《中国教育报》的缘分远不止于这本书的出版。在这一辈子的教书生涯中，《中国教育报》一直伴我成长。从1988年杭州大学哲学系毕业分配到义乌中学担任专职团干兼政治课教学开始，我就与中国教育报结缘、相伴。之后无论调到哪里工作，几乎都要订阅《中国教育报》和《人民教育》杂志。30余年读报用报，从中获得了大量的素材和思想启迪，为自己的写作提供了有力支撑，也就有了前后两本著作的出版。近几年在与编辑记者以及来自全国各地优秀通讯员的交流中也受到很多教益和帮助。

中国教育报刊社总编辑陈志伟先生一直关注本书的出版；中国教育报刊社原副社长张新洲先生为本书编写提出了诸多建议，并百忙中作序；21世纪教育研究院院长熊丙奇博士、《中国教育报》"中教评论"专版编辑张贵勇博士、义乌市教育局局长叶国江先生在通览书稿之后分别为本书作精要点评；义乌市教育局副局长虞旭荣，局办公室孟晓雷主任、曹训刚副主任，好友骆有云、吴振华、左渊臻等也都为本书的出版出了不少力。在此一并致以深深的谢意。

本人非教育专业出身，加上读书不够、水平有限等因素，书中错误观点和不足之处在所难免，敬请读者批评指正。

金佩庆
2021年5月18日